Brigitte Romankiewicz
Der Blick des Christophorus
oder
Was ist Christus?

Jesus sprach:
Werdet Vorübergehende.

Th. Ev. Lg 42

Bibliografische Information der Deutschen Nationalbibliothek
Die Deutsche Nationalbibliothek verzeichnet diese Publikation in der
Deutschen Nationalbibliografie; detaillierte bibliografische Daten sind
im Internet über http: //dnb. d-nb. de abrufbar
© 2019 by opus magnum, Stuttgart (www. opus-magnum.de)
Erstauflage, Version 1.01
Umschlaggestaltung, Grafik und Layout: B. Romankiewicz, L. Müller,
Herstellung: BOD – Books on Demand GmbH., Norderstedt
Alle Rechte vorbehalten
Print-Version: ISBN 13: 978-3-95612-020-6
Dieses Buch steht auch als PDF-Datei zum kostenlosen download zur Verfügung
bei www.opus-magnum.de

Brigitte Romankiewicz

Der Blick des Christophorus
oder
Was ist Christus?

Versuch einer Annäherung

opus magnum

Inhalt

Jesus sprach:
Nicht aufhören mit seiner Suche soll der,
welcher sucht, bis er findet.
Und wenn er findet, wird er verwirrt sein,
und wenn er verwirrt ist, wird er sich wundern,
und er wird Herr über das All sein.

Thomasevangelium, Logion 2

Am Anfang der Suche – eine Einladung

Was für ein kühnes „Jesus-Wort", was für eine ungeheure Ermutigung – und was für eine unfassbare Verheißung! Es ist der zweite von insgesamt 114 Sprüchen aus dem vermutlich im ersten Jahrhundert nach Christi Geburt entstandenen, 1945/46 in Nag Hammadi in Oberägypten gefundenen christlich-gnostischen Thomas-Evangelium, dessen Aussagen vieles widerspiegeln was auch in den kanonisierten, „offiziellen" Evangelien steht (hier etwa das *„Suchet, so werdet ihr finden"* aus Mt 7), aber doch auch in radikalen Zuspitzungen weit darüber hinausgehen.

Aber genau dadurch so manches Allzuvertraute auch wieder neu und überraschend „frag-würdig" machen.

Auf mich jedenfalls, die ich immer wieder neue Anläufe genommen habe, Klarheit in die mir durch meine Herkunft eingeprägten Glaubensvorstellungen zu bringen, wirken einige diese Thomas-Sprüche wie ein perlend-frischer Schluck aus einem Glas mit einem zuvor nie gekosteten „geistigen" Getränk, das mir – mit einem Spritzer Fürwitz – neuen Schwung gibt, die durch routinierten kirchenfrommen Gebrauch stumpf gewordenen Bilder und Ausdrucksweisen des „Christentums" noch einmal daraufhin zu untersuchen, wie *ich* sie mir, *mir ganz persönlich,* mit Sinn erfüllen könnte. Mit einem Sinn, der mir ein ebenso prickelndes Neuverständnis der altgewohnten Glaubensbilde geben könnte, wie der Geschmack eines exotischen Getränks. Die *Verwirrung* scheue ich nicht, *wundern* möchte ich mich mit Freuden, und hoffentlich auf andere, erfrischendere Weise, als es mich wundert, dass in Predigten, Gemeindeblättern, Bibelstunden und Gesprächen Namen wie „Gott", „Christus",

„Jesus", „Heiland", Jesuschristus", „Gottessohn", „Menschensohn" bunt durcheinandergehn, was außer mir niemand zu verwundern scheint.

Um es gleich vorweg zu sagen (und damit zu riskieren, dass mancher das Buch gleich wieder zuzuklappt): Ich bin keine „Theologin", das heißt ich habe nicht in Tübingen oder Freiburg bei bekannten theologischen Größen ein vorschriftsmäßiges Examen in dieser Disziplin abgelegt. Vielmehr habe ich Kunst, Deutsch und Religion für das Lehramt studiert, meine „*Vocatio*" aber (kirchliche Lehrerlaubnis für den Religionsunterricht) stets verschwiegen, weil mir schon damals allzuvieles, was ich da hätte weitergeben sollen, eben „frag-würdig" vorkam. Meine Herkunft aus einer alten württembergischen Pfarrersippe samt Missionarsvorfahren machte das nicht besser, verschärfte eher meine Konflikte – die ich übrigens auch bei manchen meiner zum Teil sehr geliebten und humorvollen Pfarrersonkel deutlich mitbekam. Mein Patenonkel etwa, ein charismatischer, lachlustiger Mensch (*„leuchtend"* hat ihn Peter Härtling, den er konfirmiert hat, in seinen Erinnerungen genannt) flüchtete immer wieder in Sanatorien, weil er wegen depressiver Schübe und Zweifeln an den Doktrinen des „real existierenden Protestantismus" nicht mehr predigen konnte. Vielleicht litt auch er – wie ich – an einem Verlust dessen, was doch den Quellgrund aller Religiosität ausmacht: Des Sinnes für das *Mythische* und *Symbolische*, das *symbolische Leben unserer Seele,* litt an der „*Vertrocknung des heiligen Sinns*", den der Dichter Novalis schon 1799 in seiner vehementen Schrift über *das* (evangelische!) *Christentum und Europa* beklagte. (Meine Patentante, Schwester meiner Mutter, war übrigens deswegen zum Katholizismus übergetreten, worüber ich schon an anderer Stelle gesprochen habe.) Die Liebe zur Musik und zur Dichtung allein, die in meiner Familie großgeschrieben wurde, konnte das nicht wettmachen, und ich fand erst viel später über die Schriften des genialen Arztes und Psychiaters C. G. Jung eine Brücke zu dem, was die Kernsubstanz des Religiösen ausmacht.

Diese Brücke möchte ich nun, bei meinem neuerlichen Anlauf im Alter, für mich nutzen. Nicht mit theologischen Lehrmeinungen werde ich mich auseinandersetzen (was bisher, auch in Gesprächen mit Glaubenshütern, immer nur zu Enttäuschungen geführt hat), sondern mich auf mein eigenes, in der Zwischenzeit erworbenes „Handwerkszeug" besinnen. Dieses besteht zum einen in einem bescheidenen Auskennen mit Symboldeutung, Mythologie, Religionsgeschichte und Psychologie. Zum anderen habe ich in der Zwischenzeit gelernt, mich mehr und mehr auf Fähigkeiten zu verlassen, die mir im Lauf meines Lebens zugewachsen sind: Ein immer zuverlässigeres Gespür für das, was sich mir an religiösen Aussagen spirituell tragfähig und mir „ent-sprechend" zeigt, wenn ich die Dinge mit weitgespannter Aufmerksamkeit, sozusagen träumerisch betrachte. Dazu kommen Träume, „zu-fällige" Begegnungen, Ahnungen, von außen kommende Winke.

Und irgendwann spielt sich erfahrungsgemäß bei diesem Vorgehen allmählich eine immer wiederkehrende Imagination in den Vordergrund, ein Bild, vielleicht eine bestimmte Figur, und so auch diesmal: *Christophorus,* der Schutzpatron aller Wege- und Spurensucher, begegnete mir immer häufiger und erwies sich schließlich als Träger einer überreichen Symbolik voller Überraschungen.

Was nun aus meiner sehr subjektiven Forschungsreise entstanden ist, ist kein Sachbuch. Als frei Arbeitende kann ich es wagen, meinen Assoziationen zu folgen und Gedanken zu äußern, die außerhalb fest umrissener Konventionen liegen. Neue Gesichtspunkte ergeben sich ohnehin meist durch Blicke von Rändern und Seitenwegen her, die abseits der üblicherweise eingefahrenen Geleise liegen.

Meine Intention war in erster Linie, mir selbst etwas aufzuhellen. Wenn meine Einfälle auch dem einen oder anderen Leser Anregungen zu eigenem Weiterfragen geben können, mag er den Ball auf seine Art weiterspielen!

Und um gleich an die Metapher des Spiels anzuschließen: Auch im Umgang mit Zitaten habe ich mir Freiheiten genommen und nicht jede Quelle im Text vermerkt.

Einige mich inspirierenden Autoren sind im Anhang zu finden. Ihnen allen und vielen hier ungenannten aus den Bibliographien meiner vorausgegangenen Bücher habe ich zu danken. Besonders aber dem Büchlein des über alle religiösen Schranken hinausweisenden indischen Dichters

und Mystikers Rabindranath Tagore (1861-9141), das mir ein schmerzlich früh verstorbener Freund (namens Christoph ...) einst geschenkt hat:
„Flüstern der Seele". Dieses *„Flüstern"* jenseits aller christlich-dogmatischen
Enge hat mich während der langen Arbeit in meiner Morgenmeditation
inspiriert und begleitet.

Darum soll auch ein für die gesamten nachfolgenden Umkreisungen
wegleitender Gedanke aus Tagores Flüsterbüchlein den Anfangsimpuls
geben, zu dem ich immer wieder zurückkehren werde.

Teil I

*Wenn wir dem Symbol einer religiösen Idee
eine zu feste und starre Form geben, so verdrängt es die Idee,
die es stützen sollte. In Kunst und Literatur regen bildliche Ausdrücke, die
das Symbol unserer Gefühlswahrnehmung sind, wohl die Phantasie an, aber
sie halten sie nicht fest. Denn sie erheben keinen Anspruch auf ein Monopol;
sie lassen den Weg frei für eine endlose Möglichkeit anderer Bilder.*
Rabindranath Tagore, „Flüstern der Seele"
München 1925, Nr. 80

Christophorus und die „Geheimgesellschaft"

Tagores kleiner Text geleitet uns in einen seelischen Raum, in dem eine
Quelle sprudelt, aus welcher Kunst, Religion und Imagination gleicher-
maßen schöpfen: In den Raum des symbolischen Lebens, das in meinem
Leben eine nicht geringe Rolle spielt:

Am oberen Rand meines Schreibtischs hat sich mit der Zeit eine
bunte Reihe unterschiedlichster Symbolgestalten eingefunden, die alle
eine besondere Geschichte haben und für mich eine Art symbolträchtige
„Geheimgesellschaft" bilden: Eine ca 10 cm große Plastik-Replik eines
barocken Christophorus mit triumphierendem Jesuskind auf der Schulter,
eine kleine holzgeschnitzte Version der berühmten Krumauer Madonna,
eine kleine Schwarze Madonna, die das Kind rechts hält, also zum Typus
der „Wegweiserin" gehört, daneben ein indisches Kästchen aus ornamen-
tiertem Messingblech, das viele geheimnisvolle Dinge beherbergt, ein
rauschgoldengelartiges Gebilde, das mir im Kloster Beuron einmal eine
Tischgenossin nach einem intensiven Gespräch über die biblische Weisheit aus Bierflaschen-Staniol gezaubert hatte und zur göttlichen Sophia
erklärt, eine ererbte Siegelfigur aus Bronzeguss in Form einer schreitenden
Hoffnung mit Früchtekorb, und zuletzt ein eigenartig geformter Stein aus
Ladakh, auf dem ein winziger schwarzer Buddha wie auf einem geschütz-
ten Felsvorsprung in Meditationshaltung sitzt. Den Stein brachte mir
eine Freundin von einer Reise nach Ladakh mit, den Buddha habe ich auf

einem Markt entdeckt, den eine in Nepal engagierte Frau alljährlich im hiesigen Völkerkundemuseum organisiert.

Zwischen diesen „Reliquien" scheint trotz ihrer unterschiedlichen Herkünfte eine geheimnisvolle Beziehung zu herrschen, deren Spuren ich seit Jahren folge. Von Buch zu Buch bin ich schreibend gewandert von Jungfrauen- und Mariensymbolik zur Hoffnung, zu den biblischen Weisheitstexten und sophianischer Mystik wieder zurück zu Maria, zur Ankündigung der Christusgeburt durch den Engel, zu Maria mit dem Kind.

Und gerade das *Kind,* ob als „Heilbringer", „Jesus", „Christus", „Gottessohn" oder kosmische Christus-Offenbarung auf den Schultern des Riesen Christophorus wurde mir zu einem immer größeren Rätsel. Ohnehin liefen die Spuren ja nie linear, niemals schön der Reihe nach. Vielmehr verdichtete sich mit den Jahren ein immer komplexer, auch immer komplizierter werdendes Gewebe voller symbolischer Verschlingungen und paradoxer Mehrdeutigkeiten – (wie anders soll es auch zugehen bei „Geheimgesellschaften" ...).

Dennoch konnte ich mir mit der Zeit (unter Führung meiner inneren Stimme oder Intuition, die sich als überaus verlässlich zeigte in ihrem Aufmerksam-Machen auf Winke, Ahnungen, „Zu-fälle") eine gewisse innere Klarheit über die meisten der Bilder erwerben, die ich so unermüdlich umkreise. Nur ausgerechnet dieses eine, zentrale, namengebende Bild der Religionsgemeinschaft, aus der ich stamme, verschwand immer wieder unter einem Gewirr von Zuschreibungen und plakativen oder haarspalterischen Begrifflichkeiten in Theologien, Predigten, erbaulichen Texten und mich archaisch anmutenden Glaubensbekenntnissen. Ausgerechnet das *„Licht der Welt"* (Joh 8,12) blieb dunkel, und mein Verdacht nahm zu, dass das phrasenreiche Drumherumreden der meisten kirchlicher Spezialisten – von wenigen Ausnahmen, denen ich echte, persönliche Erfahrung zutraue abgesehen – demselben Defizit entspringt, das auch mich umtreibt: Sie reden zwar unentwegt vom „Herrn Jesus" oder von „Christus" oder vom „auferstandenen Sohn Gottes" (viel lieber noch vom gekreuzigten!) – die Bilder sind da, aber schwer zu einem klaren Verständnis zu bringen, und notfalls spricht man dann am liebsten irgendwie summarisch von „Gott".

Unentwegt beschäftigt also auch mich weiterhin die Frage:
Wer ist „Jesus", wer ist „Christus"?

Der Dichter Christian Morgenstern (1871-1914), der auch ein großer Visionär war, hat einmal bemerkt, was „Christus" wirklich bedeute, habe man noch gar nicht verstanden. Und C. G. Jung (1975-1961), der sich ein Leben lang um die Rehabilitation der Seele als Zentrum des religiösen Lebens bemühte, stellte (nicht nur einmal) fest: *„Ja, es steht äußerlich alles da in Bild und Wort, in Kirche und Bibel, aber es steht nicht innen ... die innere Entsprechung des äußeren Gottesbildes ist aus Mangel an seelischer Kultur unentwickelt."* (Erinnerungen, S. 334)

Auch ein in konservativen Kreisen Umstrittener wie Rudolf Steiner hat immer wieder darauf hingewiesen, viele Menschen könnten zwar „das Göttliche" empfinden, aber was „Christus" sei, könnten sie nicht empfinden. Wörtlich: *„Leute, die heute oftmals von Christus sprechen, sogar Theologen, sie sprechen von diesem Christus gar nicht anders, als sie von irgendeinem göttlichen Wesen sprechen, nicht anders als die alten Juden oder die Juden heute noch von ihrem Jahve oder Jehova sprechen."* Und er setzt provokativ hinzu: *„Sie können das Buch von Harnack ‚Das Wesen des Christentums' nehmen und den Christus-Namen überall da, wo er ihn braucht, ausstreichen und den allgemeinen Gottes-Namen hinsetzen, dann ändert sich der Sinn überhaupt nicht."* (Die Sendung Michaels, S. 133)

Liege ich also vielleicht gar nicht so daneben mit meiner Ratlosigkeit? Könnte es tatsächlich so sein, dass während unserer wortreichen Beschwörungen von „Christus", „Jesus" oder „Jesuschristus" bei den meisten von uns *das innerste Selbst,* das eigene „Herzbild", das „Christus" entspräche, ziemlich unscharf geblieben ist? Betet man nach, was üblich ist, um einen inneren blinden Fleck zuzudecken? Positiver formuliert: Um der ureigensten, persönlichen Suche nach klarem Verständnis dessen, das „Christus" ist, auszuweichen? Samt der Verantwortung, die mit dem Erkennen verbunden wäre?

Man braucht zwar nicht gleich so weit gehen wie Steiner, der in seinen Michaels-Vorträgen 1919 Adolf v. Harnack (1851-1930), der als einer der bedeutendsten Theologen des 19. und beginnenden 20. Jahrhunderts gilt, unterstellte, er habe *„gar keine Ahnung ... vom Spezifischen des Christentums".* Aber man kann schon prüfen, was daran ist und ob dieses Verschwimmen ins Allgemein-Göttliche nicht bis heute geblieben ist – auch wenn man nicht unbedingt zu den Jüngern Rudolf Steiners gehört. In vieler Hinsicht hatte er ein erstaunliches Gespür für das, was dem ChristenTUM durch die Jahrhunderte seiner Verkirchlichung an religiöser Substanz abhanden gekommen ist oder sich in „spirituelle" Beliebigkeit aufgelöst hat.

Also noch immer: „Wer oder was ist Christus?"
Mein Blick schweift über meine „Geheimgesellschaft".
Christophorus. Der „Christusträger". Seit Jahren schon sammle ich Bilder, fotografiere ihn an jeder Kirchenwand in den entlegensten Nestern, durch die ich komme. Warum?
Da muss ein Geheimnis sein, das mich anzieht, vielleicht sogar Lösung verspricht, wer weiß ...
Aber zunächst wandert mein Blick die Schreibtischkante entlang. Eine Erinnerung durchzuckt mich – was ist mit dem kleinen schwarzen Buddha, der so gar nicht zu der ansonsten solide „christlich" verankerten Gesellschaft zu passen scheint?
Schwarz, dunkel, verborgen geheimnisträchtig. Lange habe ich mich mit der Schwärze der Schwarzen Madonnen befasst, und bin dabei immer wieder zu der Frage gelangt, warum denn auch das *Christuskind* auf ihren Knien, ihrem Arm *schwarz* ist?
Für die Schwärze der Madonna fand ich damals viele Gründe jenseits der läppischen technizistischen Theorie der Schwärzung durch Kerzenruß (es müssten ja dann *alle* Heiligenbilder, vor denen Kerzen angezündet wurden, schwarz sein).
Nur einer dieser Gründe: Das Schwarz der Madonna kann den verborgenen Hintergrund unserer Existenz symbolisieren, die Nacht des Unbewussten selbst, das Mysterium, aus dem unser Bewusstsein hervorgegangen ist als ein Licht, das Erkenntnis möglich macht. Erde und Licht: Maria als tragender Grund und ihr Erwachen zu einem neuen Bewusstsein des zuvor Unerkannten, Aufleuchten der *ganzen* Wirklichkeit!
Maria selbst, stellvertretend für Mensch und Menschheit, erkennt sich ja schon durch die Worte der „Verkündigung" als Trägerin des „Lichts der Welt" – des Christus, des mythischen Lichtkinds, und wird so zur Protagonistin eines *Bewusstseinssprungs* – das wird in den Westkirchen viel zu wenig wahrgenommen!

Aber trotz der *Lichtsymbolik* ihres Kindes ist auf allen mir bekannten Schwarzmadonnen-Bildern das Kind genauso *dunkel,* wie der geheimnisvolle Hintergrund aus dem er geboren wurde (Abb.1).

Abb. 1
Die „Madonna vom Finstern Wald" im Kloster Einsiedeln
Der heute verehrten Schwarzen Madonna ging ein vermutlich dem Klosterbrand von 1465 zum Opfer gefallenes Gnadenbild voraus, das bereits im Mittelalter Zentrum einer lebendigen Wallfahrt war. Schon seit 1350 ist Einsiedeln Nationalheiligtum der schweizerischen Eidgenossenschaft und war einer der populärsten Ausgangspunkte nach Santiago di Compostela.
Um die Schwärze der Madonna ranken sich die üblichen Legenden. Gesichert ist jedoch, dass sie 1789 nach dem Einmarsch der Franzosen in einer Kiste vergraben wurde, um ihre Zerstörung durch die Revolutionäre zu verhindern. Als man danach die Kiste öffnete, sah man, dass die Figur durch die Feuchtigkeit stark gelitten hatte. Der durch seinen detaillierten Bericht namentlich bekannte Restaurator fand sie, samt dem Kind, schwarz vor. Interessant ist nun, dass er sie nicht etwa als „Weiße Madonna" wiederherstellte, sondern, samt dem Kind, ganz bewusst, wie vorgefunden: schwarz. Ähnliches ist von vielen berühmten Gnadenbildern (Clermont-Ferrand, Marsat usw.) überliefert: Sie alle wurden Anfang des 18. Jahrhunderts ausdrücklich als „Schwarze" restauriert, was darauf hindeutet, dass man der Schwärze dieser Madonnen und ihres Kindes eine tiefe symbolische Bedeutung zumaß.

Und da ist sie schon wieder, die Frage:

Ist es überhaupt schon in allen, die sich da „Christen" nennen, wirklich *geboren?* Ist es wirklich „hell", also bewusst geworden, was dieses Christuslicht bedeutet?

Oder bewahrt auch das Kind seine Bedeutung noch unsichtbar in sich und ist darum noch schwarz, unbewusst? Immerhin: das Schwarze versammelt alle anderen Farben des Lichtspektrums in sich, enthält und „bewahrt" sie also gewissermaßen. Damit wird Schwarz auch zum Symbol des großen Geheimnisses der *verborgenen Fülle.* Einer Fülle, die wir allerdings erst erkennen, wenn wenigstens ein kleiner Lichtstrahl die Ahnung einer Erkenntnis hineinbringt in unser Bewusstsein, was dieser „Jesuschristusheilandgottessohn" eigentlich symbolisiert ...

Durchaus möglich, dass auch mein kleiner Buddha auf dem Ladakh-Felsen als Symbol der Fülle seiner Bedeutungen schwarz ist – ich kenne viele schwarze Buddha-Figuren. Eine besonders prächtige thailändische aus Bronze mit Schwarzlack und Blattgold mit der Geste der Erdanrufung bereicherte einmal eine Ausstellung im Völkerkundemuseum, in dem ich sieben Jahre arbeitete (Abb. 2). Wie die Einsiedeler Schwarze Madonna mit ihrem lackschwarzen Christuskind (Abb. 1) stammt er aus dem 15. Jahrhundert, einer Zeit, in der die westliche Menschheit Gefahr lief, ihren Bezug zur Erde als tragenden Grund zu verlieren und nur noch den Ich-Willen gelten zu lassen, im Himmel und auf Erden. Ihr Blick auf die Zugehörigkeit zu Fülle und Macht eines größeren Ganzen hatte sich verdunkelt. Ihr Bezug zum Mystischen, Unsichtbaren (gr. *myein* heißt die Augen schließen) dagegen, zu dem Geheimnis, was den äußeren Augen verborgen bleibt und nur dem Blick nach *innen* sein Licht aufscheinen lässt, wich bei den meisten Menschen den Erklärungsmustern einer aufstrebenden „wissenschaftlichen" Sichtweise, die sich vorgenommen hatte, auch „letzte Geheimnisse" kausal und rational zu erklären.

Abb. 2
Schwarzer Buddha, die Erde zum Zeugnis anrufend
(Thailand, Mitte 15. Jh, Bronze, Schwarzlack mit Blattgold, National Museum Bankok)
Trotz seiner königlichen, kosmisch erhöhten Erhabenheit, die sich in Schmuck und Krone darstellen, sehen wir diese wunderbare Figur mit der rechten Hand in der Geste der Erdanrufung. Die Lotosknospe, welche die Krone auf seinem Haupt überragt kann ja ohne ihre Wurzel im Schlamm der Erde nicht aufwachsen, weshalb der Erdbezug als Bezug zum „Unteren" der immerwährenden Würdigung und Heiligung bedarf. Auch der „König der Könige" (Krone, Schmuck), im vollkommenen Lotussitz meditierend, bedarf der Verbundenheit mit dem Geheimnis der Erde und „zeigt" die Bedeutung dieses tragenden Grundes, der mit in das unergründlich dunkle Mysterium des Lebens gehört - und der „Erleuchtung".

Buddha und Jesus: Alles schon dagewesen?

Das schwarze Christuskind und die schwarze Buddhafigur: Meine Gedanken wandern hin und her. Kam nicht lange vor unserem Kirchenjesuschristus schon im fernen Indien einem Herrn namens Siddharta Gotama die Ahnung, dass das, was sichtbar vor Augen ist, den Kern des Seinsgeheimnisses mehr verdunkelt als erhellt? Bekanntlich verließ er daraufhin seine Güter in der Hoffnung, dass ihm durch Meditation und asketisches Leben das Tor zum wahren Kern der *ganzen* Wirklichkeit aufgetan werde. Er ging einen mühseligen, entsagungsvollen Weg bis an den Rand des Todes. Und als ihm dann endlich diese lichtvolle Erkenntnis einer fundamentalen, transpersonalen Einheit, die schon immer war zuteil wurde, nannte man ihn „Buddha", den „Erwachten". Und er versuchte fortan seinen Schülern den Blick für diesen Lichthorizont der vollkommenen Erleuchtung zu öffnen.

In gewisser Weise hat Herr Gotama, nachmals also „Buddha" genannt, mit dem, der vom Jesus zum Christus wurde, einige Ähnlichkeit. Ganz wie Jesus hat auch der Buddha selber nichts über seine Erfahrungen geschrieben. Er gab seinen Schülern vielmehr zu verstehen, dass es nicht auf weiteres Lernen gelehrten Wissens ankäme, sondern auf das Gegenteil: nämlich möglichst die Prägung zu *verlernen,* auf die sie ihre Sozialisierung getrimmt hatte, um so in Kontakt mit dem *wirklichen Sein,* der *ganzen* Wirklichkeit zu kommen. „*Metanoeite,* denkt um, denkt über Eure Gebundenheit hinaus!" mahnte auch Jesus seine Zuhörer. Und wenn er seine „Jünger" aufforderte, ihm „nachzufolgen", so meinte er zwar bisweilen, das buchstäblich zu tun. Vor allem aber meinte er, sie sollten durch ihre veränderte Lebensweise, ihr von Mitgefühl erfülltes Handeln den Menschen *zeigen,* worauf es ankommt. Jesus selber *zeigte* durch sein Beispiel, wie Buddha, *zeigte* durch Bilder und Gleichnisse. Alle beide *zeigten* auch durch ihre Absage an jede „bürgerliche", familiäre oder religiös erstarrte Norm (bedingungsloses Einhalten der rituellen Gesetze und starre Glaubensbekenntnisse). Vor allem durch das „Darüberhinauskommen" und die Absage an das, was uns das Leben am schwersten macht: das „Anhaften" an ichfixierten Verhaltensmustern, an Besitz, Gefühlen, Gedanken und vor allem an konditionierten Vorstellungen, die das Tor zur „Öffnung" der geahnten Dimension verstellen. Letzteres zweifellos eine der schwierigsten Herausforderungen, um deretwillen damals wie heute Menschen Ashrams, Klöster oder wenigstens Meditationskurse aufsuchen.

Herr Gotama wurde im Jahr 563 vor unserer westlichen Zeitrechnung geboren. Er war 29, als ihm klar wurde, dass es Wichtigeres gab als das, was die große Masse für wichtig hielt.

Jesus erschien – ein halbes Jahrtausend später, aber ungefähr im selben Alter – als geistiger Lehrer auf der Bildfläche. Wobei es so aussieht, als hätte er damals den Weg zu dem, was er erkennen und weitergeben sollte, schon hinter sich gehabt. Wir wissen nichts über seinen Werdegang, all die idyllischen Bilder von der Joseph'schen Schreinerei, in welcher der junge Jesus mitwerkte, sind mehr oder weniger biedersinnige Legende, neudeutsch: Fake.

Zwischen seiner umleuchteten Geburt im Stall zu Bethlehem, der Flucht nach Ägypten kurze Zeit später und dem machtvollen Auftreten nach der Taufe durch Johannes haben wir in den Evangelien nur ein einziges Spotlight auf sein Leben: Der zwölfjährige Jesus im Tempel, der die Pharisäer in Staunen versetzt (ähnlich übrigens auch von Buddha berichtet) und von seinen Eltern gesucht wird, wobei Jesus die Gelegenheit nutzt, ihnen zu sagen, dass er mit Familie nichts zu tun haben will (Lk 2,44-51). Eine schöne, aufmüpfige Szene zur Illustration einer Ausnahmegestalt aus der Feder der Geschichtenschreiber, die nach seinem Tod an einem passenden Mythos für die sich bildende neue Glaubensgemeinschaft feilten. Auch die jungfräuliche Geburt, die damals obligatorisch war für Ausnahmegestalten und ebenfalls in der Buddha-Geschichte nicht fehlt, gehört in diese Kategorie – wobei ihr durchaus auch eine symbolische Kraft innewohnt, von der noch zu reden sein wird.

Gotama-Buddha lehrte auch, dass alles Leiden der Menschen daher rührt, dass wir uns unserer Verbundenheit mit der Welt als lebendiger Beziehungs-Einheit nicht mehr bewusst sind, keine uneingeschränkte *Sym-pathie* (gr. Mit-leiden, Mit-fühlen) mehr empfinden. Wir müssen unsere kulturell anerzogene Ichbezogenheit verlernen und unseren Mitwesen, Mensch, Pflanze Tier mitfühlend und achtungsvoll begegnen. Letzteres genießt als „Achtsamkeit" heute wesentlich mehr Publicity als das, was Jesus „Liebe" nannte und das leider von professionellen und laienfrommen Predigern bis zum Überdruss verschwiemelt worden ist. Man hat auch weitgehend vergessen, dass damit nicht nur „Nächsten"- und „Gottesliebe" gemeint ist oder ein diffuses Wonnegefühl, sondern das unnennbare, unablässig Beziehung bzw. Sym-pathie stiftende Etwas, das Jesus – der patriarchalen Gesellschaft folgend, aus der er stammte – „Vater" nannte. Gemeint ist der weisheitsvolle, beziehungstiftende Urgrund, der nicht nur für den Menschen da ist, sondern auch Natur und den ganzen Kosmos einschließt. Was die Erfahrung dieser geistbewegten *Allverbundenheit* angeht, sind leider „die Christen" um einiges hinter Buddha zurückgefallen. Sie müssen sich diesbezüglich erst wieder allerhand bewusst machen, was vielen indischen „Erwachten" schon rund ein halbes Jahrtausend *vor* Jesus selbstverständlich war und ihnen einen weiten Horizont eröffnete.

Jesus hatte diesen horizonteröffnenden Geist wohl bereits intensiv erfahren, und betrat als ein „Erwachter" die Bühne der Religion, dem sich das Tor zum letzten Geheimnis geöffnet hatte. Ist es dieses Erwachtsein, das ihn zum „Christus" machte? Hätte man ihn 500 Jahre früher und in einer anderen Weltgegend als Erleuchteten gesehen und „Buddha" genannt?

Jedes Erwachen ist ein lichtvolles Durchbrechen zur *ganzen,* alles überwölbenden Wirklichkeit: eine „Auferstehung". Davor stand bei Buddha und Christus das Leiden: Herr Gotama hatte sich durch seine strengen asketischen Übungen fast ums Leben gebracht. Jesus ging die Sache noch extremer an, ließ sich kreuzigen, wich nicht aus, wie er hätte können, um zu *„zeigen",* dass unsere körperliche Existenz nur die *eine* Seite der Wirklichkeit ist. Und dass man dem, was man als innersten, eigensten Auftrag erfahren hat nicht ausweichen kann, ohne seine Seele zu verlieren.

Diejenigen, die diese Botschaft begriffen und verinnerlichten, erfuhren einen neuen inneren Frieden: Ahnung der Auferstehung.

Auf dem Antlitz von Buddha-Ikonen zeigt sich dieser Friede als ein feines, wissendes Lächeln, das in der westlichen Kunst nur ganz selten die Lippen des Auferstandenen umspielt. Ohnehin sind die Bilder dieses *Auferstandenen* sehr viel seltener, als die des *Schmerzensmanns,* des sadistisch gequälten Gekreuzigten oder Entzeitrichters. Man könnte sich fast fragen, ob die Geschichte des „christlichen Abendlandes" (und seine leistungs-

Abb. 3
Auferstehender Christus aus dem Grab
(um 1300, vermutlich Lübecker Schule, heute im Kloster Wienhausen, Kirchenkreis Celle)
Das Ungewöhnlichste an dieser eindrucksvollen Figur, die gerade die Enge ihres (hier nicht sichtbaren) Grabes überschreitet, ist sein Lächeln: Ein Buddha-Lächeln, das Leichtigkeit verströmende Lächeln eines Wissenden, der frei ist, der eine Wirklichkeit gesehen hat und noch sieht, die wir nur erahnen können. Und es ist ein Lächeln der Verheißung, das dem Betrachter signalisiert: Es gibt ein größeres Sein als das, in dem du dich gefangen fühlst, Freiheit, Freude und Leichtigkeit stehen auch dir offen, wenn du dich nur öffnest dafür und die Enge deiner emotionalen Verstrickungen überschreitest!
Außergewöhnlich ist auch der enorme, reich ornamentierte und kostbar geschmückte Nimbus, der das Christus-Antlitz umrahmt, Symbol der kosmischen, überweltlichen Einheit und Herrlichkeit (gr. *kosmos* = Schmuck!), der uranfänglichen, schöpferischen Weisheit, die schon immer war. In Jesus, dem Christus ist sie Gestalt geworden, und seine „Auferstehung" symbolisiert die geistige Neugeburt, die spirituelle Transformation und Teilhabe an diesem Glanz, die für jeden möglich ist.

und kapitalismusgetriebenen Auswirkungen) anders verlaufen wäre, wenn die Menschen 2000 Jahre vor einem lächelnden Auferstandenen gebetet hätten statt vor einem Gekreuzigten. Denn als religiöses, sozusagen „buddhistisches" Symbol des Erwachens zur „Fülle des Lebens" wäre es ja vorhanden gewesen. Eine wunderbare Christusfigur aus dem späten 13. Jh hat mir vor kurzem der Zufall zugespielt (Abb. 3). Für mein Gefühl könnte sie mit diesen Gesichtsausdruck ohne weiteres als Buddha durchgehen.

Warum gibt es nicht mehr davon? Mathias Grünewalds Auferstandener vom Isenheimer Altar fällt mit noch ein, und eine wunderbare Buchmalerei eines „grünen Christus" (Abb. 4) in der Mandorla aus dem 11. Jh in St. Gallen, aber sonst?

Vielleicht müssten wir, die wir uns „Christen" nennen, wirklich einige der üblichen Blickwinkel und Focussierungen unserer Religionsgemeinschaft genauso verlernen, wie Buddha und Jesus dazu aufriefen, verkrustetes Regelwerk hinter sich zu lassen!

„Metanoeite! Denkt darüber hinaus! Setzt Eure visionären Kräfte ein, um die eingefahrenen Muster zu verändern!"

Aber doch auch: Spekuliert nicht auf „Erleuchtung" von der Art, wie Buddha sie zweifellos erfahren hat. Denn die Botschaft von Jesu Leiden, Tod und Auferstehung, die ihn zum „Christus" machte, ist eben doch eine noch *„darüber hinaus"* führende: Während nämlich Buddha im Augenblick seiner letzten Verklärung sich in der Seligkeit des Allgeistes *auflöst*, bedeutet das überaus irdische Leiden und Sterben Jesu etwas anderes. Sein unsterbliches geistiges Christuslicht *verbindet* sich zutiefst mit der Erde.

Die irdische Welt, alles Seiende wird durchdrungen vom kosmischen Christusgeist. Himmel und Erde werden verbunden zu der einzig wirklichen *ganzen* fundamentalen Wirklichkeit, als die sie zusammengehören. Wir müssen das „Antlitz Christi" auch in der Erde finden, als eine Wirklichkeit, die das Sichtbare und das Unsichtbare durchleuchtet und letztlich göttlichen Ursprungs ist: Überall ist „Sohn Gottes". Wann immer wir „Christus" sagen, benennen wir das im sterblichen Menschen verhüllte, aber in der Welt manifest gewordene Unsterbliche. Dass das in Jesus exemplarisch „gezeigt" wird, gewann im Bewusstsein derjenigen, die ihm nahe waren, ahnungsvolle Gestalt. Sie erlebten die Möglichkeit eines „Auferstehens" als über alle irdischen Begrenzungen hinausreichende und doch

Abb. 4
Auferstandener Christus in der Mandorla
(Graduale aus St. Gallen, Stiftsbibliothek, 11. Jahrhundert)
Auffällig an dieser frühen Buchmalerei ist nicht nur das lächelnde Antlitz dieses Auferstandenes, sondern ein deutliches Vorherrschen der Farbe Grün. Denn Grün ist nicht nur die Farbe der grünenden Natur sondern auch des „Trösters", des Heiligen Geistes der die ganze Schöpfung durchdringt, belebt und verwandelt. Im Grün vereinigen sich Licht der Natur und Licht der Gnade. So weist das grüne Gewand dieses Auferstandenen nicht nur auf die immer neu belebende Kraft des Geistes, sondern auch auf das Mysterium der „Auferstehungskraft", welche die Natur in sich trägt: geistdurchwirkte Verwandlungskraft, welche Leib und Seele erfreut, erfrischt und harmonisiert. Der „Grüne Christus" in der zartfarbigen, grün konturierten Mandorla-Gloriole hält einen leichten, goldenen kreuzgekrönten Stab wie den Stab des Guten Hirten, während er die rechte Hand in einer vor allem in der Ostkirche gebräuchlichen Segensgebärde erhoben hat. Die regenbogenähnliche Mandorla zeigt ihn als Erhöhten und „Uranfänglichen", als Kosmischen Christus, als Schöpfer, der „Oben" und „Unten" verbindet und versöhnt. Er erscheint als Künder eines „Neuen Zeitalters des Geistes" (Joachim von Fiore), in dem Gnade, Liebe, Weisheit und Erkenntnis „ergrünen" werden, die Gebundenheit in alten Mustern überschreiten und zu neuer Freiheit führen. Ist es Zufall, dass die Mandorla das Farbspektrum des Turmalins abzubilden scheint? Ist der Turmalin doch dem Zeichen Waage, d. h. der Venus Urania, der Liebe in ihrem geistigen Aspekt zugeordnet.

die irdische Existenz erfüllende geistige Präsenz. Als ein Wissen, dass sie
mehr sind, als Körper, Wünsche und Vorstellungen Und das ist es, was
einen zuvor noch nicht dagewesenen Wendepunkt in der Bewusstseinsge-
schichte des Menschen bedeutet: Einen veränderten Blick auf den Kosmos
– auf den einzelnen Menschen und sein innerstes Wesen: Jeder Einzelne
ist nun aufgerufen, Himmel und Erde in sich zu verbinden durch sein geistiges und konkretes Sein, Leben und Tun. Unbesorgt um Normen, leibliche Einschränkungen, seelische Prägungen. Im Wissen, dass er Träger
eines unzerstörbaren Gotteslichts ist, das er in der Welt leuchten lassen soll
(Matt 5,16) in anteilnehmender, verantwortlicher, ja liebender Beziehung,
so gut er es vermag, mit den besonderen Gaben, die ihm gegeben sind.
Und diese Bewusstseinswandlung wird eben *nicht durch Auflösung,* sondern durch *Ich-* (nicht Ego!-) *Stärkung* vorbereitet!

Soweit meine Intuition. Wird sie tragfähig sein? Meine „Geheimgesellschaft" wird mir den weiteren Weg weisen ...

Meine Wegweiser

Allen voran jetzt: Christophorus. Um ihn und seine Legende kreist meine
Imagination schon lange. Die lutherische Deutung genügt mir nicht. Ich
spüre einen symbolischen Überschuss, eine Tiefe, der ich auf die Spur
kommen will. Vielleicht einen, der nur mich angeht. Denn wie C. G. Jung
einmal in einem Brief schreibt, liegt der Wert des symbolischen Ausdrucks
gerade darin, dass er von verschiedenen Menschen auf verschiedene Weise
gelesen werden kann (Briefe III, S. 12). Jede Lesart weitet das Spektrum
für alle um ein Quäntchen aus. Vermutlich wird sich also auch hinsicht-
lich des Christophorus eine kaleidoskopische Vielfalt von Aspekten auf-
tun, wie ich das von allen Figuren meiner „Geheimgesellschaft kenne.
    Nicht ganz zufällig sammle ich nämlich über einen beträchtlichen Zeit-
raum hin schon Kaleidoskope. Die meisten habe ich inzwischen wieder
verschenkt, an Kinder, an Freunde. Nur noch zwei sind geblieben – keine
besonderen, aber schön im Farbspiel ihrer durchsichtigen Funkelsteinchen. Und sie faszinieren mich noch immer und immer wieder aufs Neue.
    Muss ich meine Schwäche für dieses „Kinderspiel" mit seinen „end-
losen Möglichkeiten" (s. Tagore) erklären? Sie ist im Laufe meines Nach-

denkens über die menschliche Seele und über die Vielfalt der Mythologien und Symbole der Welt immer mehr aufgeblüht, eben wegen der unablässig wechselnden Muster und Farben: Die geringste Sicht-Änderung oder Bewegung in der Perspektive genügt, um wunderbar neue und doch verwunderlich in sich stimmige Bilder entstehen zu lassen.

Interessanterweise ist für die Magie der Verwandlungen im Innern des Kaleidoskops gerade dasjenige verantwortlich, was *unsichtbar* bleibt: Eine illusionistische Dreieinigkeit sich gegenseitig spiegelnder Spiegel. Obwohl es nicht ohne Reiz wäre, will ich dieser Spiegel-Trinität nicht nachgehen, dazu fehlt mir die Kompetenz. Mir genügt, dass diesen immer neu sich bildenden Ordnungen ein Spiegelspiel zugrundeliegt: Unser Wort „Illusion" wurzelt ja auch im „spielen" (lat. *ludere*). Und nach Ansicht des christlichen Kirchenvaters Gregor von Nazianz (329-390) ist „spielen" das, was das göttlich anfängliche, immerzu schöpferische „Wort" (gr. *logos*, vgl. Joh 1) am liebsten tut:

> *Denn der erhabene Logos – er spielt.*
> *Mit buntesten Bildern*
> *schmückt er, wie's ihm gefällt,*
> *auf jegliche Weise den Kosmos.*
> (Zit. n. Hugo Rahner, S. 25)

Im übrigen eine Einsicht, die der griechische Philosoph Heraklit von Ephesos schon fast 900 Jahre vorher geäußert hatte. Also so neu im Christentum eigentlich nicht. Und auch von der schon den Juden bekannten göttlichen Weisheit und Urordnung, der anfänglichen göttlichen Liebe-Weisheit zu Anfang der Schöpfung der Welt, heißt es ja, dass sie allezeit *vor* (oder gar *mit?*) Gott *spielte* (Spr 8,31). Spielend wie ein Kind hat sie mit ihm zusammen die Welt gestaltet, sie lustvoll ausgeschmückt: „*En arche en o logos*" – im Anfang war das Wort (Joh 1,1), das „Wort" (*logos*), das zugleich „Kosmos" und „Schmuck" bedeutet, Gottes „Herrlichkeit", Licht, Glanz, der die Alltagswelt zum Leuchten bringt („*Logos*" und „*Licht*" treffen sich tatsächlich in der gemeinsamen indogermanischen Wurzel „*leukh*").

Aber bleiben wir beim deutschen „Wort". Auch das ein großes Geheimnis. Weiß jemand wirklich, was das heißt?

Ich schaue nach im Etymologischen Wörterbuch.

Dort wird es zurückgeführt (wie auch das lat. *verbum*) auf die Erweiterung einer Wurzel „*uer*". Diese wiederum trägt in sich das *feierlich sprechen, sagen, nennen, erzählen...*

Schau an. Die Schöpfungsgeschichte (die zugleich feierlich von einer neuen Stufe der Bewusstwerdung spricht) beginnt mit einem „logischen", also Folgerichtigkeit suggerierenden, spielerischen Benennen und Erzählen. Gr. „*Mythos*" meint dasselbe: „*sagen*", „*zeigen*" und „*Sage*", poetisches Spiel mit dem „Wort".

En arche en o logos.

Im Anfang war das (poetische) Spiel. Entstehen womöglich die tragischen Missverständnisse der Religionen dadurch, dass wir das vergessen? Wenn wir die Poesie und „endlosen Möglichkeiten" der symbolischen Bilder und inneren Stimmen vergessen (s. Tagore!) und die beweglichen Funkelsteinchen festkleben wollen zu einem einzigen feststehenden Bild? Dann nämlich verschwinden die Ideen hinter langweiligen oder unverständlichen Phrasen und festgeschraubten Vorstellungen (Dogmen, Doktrinen), die Symbolbilder verlieren ihre spielerische, poetische, schöpferisch pulsierende Strahlkraft, ihre Verwandlungsmagie und die Leute laufen den Kirchen davon, um woanders zu suchen, was ihrer schönheits- spiel- und lebensdurstigen Sinnsuche, ihrer Phantasie und ihren Hoffnungen auf ein „Darüberhinaus" förderlich ist. Etwas was sie bewegt und begeistert und durch diese Begeisterung ein geahntes „Darüberhinaus" in ihre Gewohnheitswelt hineinbringt. Im Irdischen verwirklichtes „*metanoeite*" – Auferstehung.

Täusche ich mich, oder flüstert mir das Kind auf der Schulter des Christophorus Mut zu? Mit dem rechten Ärmchen zum Himmel, woher Sinn und Inspirationen kommen, hält es in der linken Hand eine Kugel, wie einen Ball. Sucht es Mitspieler für sein Ballspiel, das Christophorus gerade nicht mitmachen kann, weil er voll damit beschäftigt ist, durch die wogenden Plastikwellen zu staken?

Ganz klar: Da gibt es Geschichten zu entdecken!

Meiner inneren Stimme folgend habe ich viele Jahre damit verbracht, mir allmählich alle möglichen mythischen Erzählungen transparent zu machen. Um dabei festzustellen, dass auch jedem Menschen eine solche kaleidoskopisches Spiegelfähigkeit innewohnt, deren „eigentliche" Gestalt er zwar nie zu fassen bekommt, die ihm aber Imaginationen, Phantasien, Ahnungen, Winke, Signale, Assoziationen aus dem inneren oder äußeren Leben zuspielt und unablässig zublinkt – vorausgesetzt, er gibt seinem seelischen Reflexionsvermögen (!) genügend Freiraum und Aufmerksamkeit. *Raum zum Schauen* – nicht nur der religiösen Bilder, sondern auch zum Betrachten, ja Kontemplieren des Lebensgeschehens: Meditieren, kontemplieren, wie man Träume kontempliert, in sinnbereiter Offenheit, lauschend, tastend, umkreisend, weitestmögliche Bedeutungshorizonte auslotend. Denn – wer weiß – wenn wir Gregors tiefe Einsicht ernst nehmen, hat womöglich auch der Dichter William Shakespeare völlig richtig gesehen, wenn er im „Sturm" seinen Zauberer Prospero sagen lässt: „*Wir sind aus solchem Stoff wie der zu Träumen, und unser kleines Leben umfasst ein Schlaf...*" (4. Aufzug, 1. Szene)

Herr Gotama, der zum „Buddha" erwacht war, hätte dem zugestimmt. Aber auch wenn man nicht so weit gehen will, darf man sich fragen: Wenn schon unser *Leben* aus solchem Traum-Stoff sein mag, um wieviel mehr erst unsere *Religionen?*

Als etwa Papst Pius XII. 1950 offiziell Maria die leibliche Aufnahme in den Himmel bestätigte, war er einer inneren Stimme gefolgt, die ihm sagte, dass es Zeit sei, endlich einem „Traum", den das katholische „Volk" schon seit weit über tausend Jahren geträumt, gehegt und gepflegt hatte, einen ordentlichen dogmatischen Raum und Rahmen zu geben.

Damals trat meine Patentante, aufgewachsen in der nahezu symbolfreien Nüchternheit des Protestantismus zum Entsetzen der ganzen Verwandtschaft zum Katholizismus über. Auch sie folgte damit ihrer inneren Stimme, die sie mehr und mehr die Bedeutung der symbolischen und mythischen Hintergründe des Religiösen erkennen ließ. Maria erkor sie sich zur Taufpatin.

So weit wie meine Patentante bin ich nicht gegangen. Aber auch ich bin mehr und mehr dieser mit den Jahren immer deutlicher vernehmbaren inneren Stimme gefolgt, die mich zunächst auf Marias Spur brachte, aber damit zugleich auch auf die Spur anderer christlicher Symbolgestalten. Das kann man an der „Geheimgesellschaft" auf meinem Schreibtisch ablesen. Denn je genauer ich hinsah, je häufiger mein imaginäres Kaleidoskop auch nur in minimale Erschütterung versetzt wurde, desto mehr schien mir, dass nicht nur Maria in ihrer Bedeutung für die religiösen Kerngedanken des Christentums merkwürdig missverstanden wird. Wer sie etwa als Mutter Jesu zu einem „Nichts-als" marginalisiert, wird auch nicht wirklich verstehen können, was „Christus" ist, und noch weniger, wie *„Christus in uns"* geboren werden kann. Der Spiegel bleibt dunkel (1. Kor 13,12). Wenn wir die religiösen Figuren ihrer mythischen Symbolräume entkleiden und auf historische Figuren reduzieren, bleiben das Kind von Bethlehem, die Jesusgeschichte, die im Eklat einer „Auferstehung" mündet, der „Sohn Gottes" und „Kosmischer Christus" trotz aller theologischen Bemühungen Elemente eines derart labyrinthischen Erzählungskonstrukts, dass es wiederum dazu verleitet, Vereinfachungen zu finden. Reduktionismen, in denen (womöglich mit erhobenem Zeigefinger) Moral, historische Versatzstücke, textkritische Wortklauberei und Liebe/Gnade/Erlösung-Phrasen zu wenig appetitanregenden Mahlzeiten angerichtet werden.

Wieder klingt mir die Bemerkung von Christian Morgenstern im Ohr. Hat das „real existierende" ChristenTUM sein Zentrum, um das alle theologische Spitzfindigkeit und alles fromme Reden kreist, wirklich verstanden?

Gerechterweise muss ich noch einmal sagen, dass ich durchaus immer wieder Menschen begegne und begegnet bin, die von einer echten Kraft des Verstehens durchdrungen scheinen, von einer leuchtenden Bescheidenheit, Bewusstheit und Spontaneität (wie mein Patenonkel), die nur aus einer tiefen Erfahrung kommen kann. Nicht immer sind das „Christen". Aber eine Art gemeinsames Kennzeichen ist das Vermeiden von salbungsvoll- faden Floskeln. (Solche kann man übrigens auch bei denen finden, die sich inzwischen „Buddhisten" nennen und das entsprechende Vokabular virtuos handhaben, auch wenn dann nicht von „Gottes Hand" die Rede ist sondern von anderen Stereotypen).

Dennoch kann der Blick von einer anderen Glaubensrichtung her äußerst hilfreich sein, um das Spezifische der eigenen Tradition klarer zu erkennen. Raimon Panikkar, der große und originelle Theologe, Religionsphilosoph, Grenzgänger zwischen den Glaubenswelten und Mystiker hat das vorgemacht. Als Sohn einer spanischen Mutter und einem indischen Vater hat er sich mit dem Verbindenden und Spezifischen verschiedener Religionen auseinandergesetzt. Und ich glaube, er würde dem zustimmen, was Teilhard de Chardin, gleichermaßen leidenschaftlicher Naturwissenschaftler, Theologe und Zukunfts-Visionär an Leontine Zanta schrieb, nämlich: wir müssten *„Christus aus den Händen der Kleriker >retten<"* (Briefe, S. 40).

Die Frage ist, wie man das anfangen könnte. Kann der kaleidoskopische Blick dabei helfen?

Zunächst einmal aber vertraue ich auf Christophorus, das Kind und das Spiel seiner Zeichen und Winke, auf Erfahrungen und auf die Poesie, nicht nur des Rabinadrath Tagore. Sie alle können mir helfen, Schritt für Schritt zu hinterfragen, was es mit den prägenden Bildern des Christentums auf sich hat: Mit dem göttlichen Kind, dem Wanderprediger, Aussteiger, Freund der Randexistenzen Jesus, Rebell gegen die Macht saturierter Glaubens- und Gesetzverwalter und die herrschende soziale Hierarchie, mit dem Gekreuzigten und Auferstandenen und schließlich dem Kosmischen Christus – all diese Bilder regen die Phantasie an, eröffnen Spiel-Räume, welche die scheinbaren Teilaspekte in ihrem geheimnisvollen Zusammenklingen erfassen wie in einer Symphonie, in der die verschiedensten Melodien in ein einziges, inspirierendes Ganzes münden, darin aufgehen, ohne ihre jeweilige Eigenart zu verlieren.

Teil II

Der Archetyp des Selbst erscheint im
Bild des göttlichen Kindes, und er ist das göttliche Kind,
die Manifestation der Erneuerung von Sein und Sinn.
Der Vergleich desselben mit dem Logos des Johannesevangeliums ...
geht auch dahin, dass er der innere Gott ist, ein Licht,
das wir nicht besitzen, sondern das in uns hineinwirkt,
Erneuerung und Ganzheit schaffen will.
Paul Schwarzenau, Das göttliche Kind, S. 201

Das göttliche Kind

Dieses immer wieder sich wiederholende Wunder – der absolute Verlass auf die Winke, die mir der täglich erneuernde Lebensfluss zuspielt und denen zu folgen ich schon in meiner langen „Meditation" über Maria beschlossen hatte:

Am Morgen lese ich in Tagores Büchlein vom „Flüstern der Seele", aus dem auch das Leitmotiv am Anfang dieses meditativen „Forschungsprojekts" stammt, Sätze, die belebender nicht sein könnten – aber vielleicht auch nicht herausfordernder:

Der ästhetische Sinn, der zum wahren Verständnis einer Dichtung nötig ist, ist die Gabe, die Einheit eines Kunstwerks im Lichte der Phantasie zu schauen. **Der Glaube hat dieselbe Aufgabe dem Leben gegenüber. Er ist ein geistiges Sehorgan, das uns befähigt, instinktiv das Bild des Ganzen zu erfassen, wo wir tatsächlich nur die Teile sehen ... Der Glaube ist die spontane Erwiderung unseres Wesens auf das alles durchdringende Ja, und daher die größte aller schöpferischen Kräfte im menschlichen Leben.** (29, Hervorhebung B. R.)

Ist das möglich? Der Dichter und Mystiker sieht „Glaube" als *„die größte aller schöpferischen Kräfte im menschlichen Leben"!* Das *„Sehorgan, das uns befähigt, instinktiv das Bild des Ganzen zu erfassen, wo wir tatsächlich nur die Teile sehen".* Ist Glaube also gar nichts Diffuses, sondern die spontane Widerspiegelung des kreativen „göttlichen Fünkleins" (Meister Eck-hart), des Inbilds, das den wegleitenden Sinn unseres Daseins in sich trägt und uns zu dessen Verwirklichung innerhalb eines großen Ganzen drängt? Zum Hinausschauen und -wachsen über unseren begrenzten Horizont?

Zum sinnweitenden Wahrnehmen der fundamentalen Ganzheit, unserer selbst und des Kosmos überhaupt, auf die schon der Anfang des Johannes-Evangeliums durch das „Wort" hinzeigt?

Dort heißt es doch schon in Vers 3 vom geheimnisvoll sagenden anfäng-lichen „Wort": *„Alle Dinge sind durch dasselbe entstanden und ohne dasselbe ist nichts entstanden, was entstanden ist."*

Warum ist es so schwer, das endlich wahrzuhaben, zu „glauben" an das Einbezogensein in die unbedingt sinnträchtige *Einheit* aller Erschei-nungen, alle aus *einer* Wurzel „gezeugt" (im griechischen Urtext steht da „*egeneto"* = gezeugt, hervorgegangen*)*, mögen sie uns im Einzelnen noch so widersprüchlich erscheinen?

„Glaube" also kein braves „Nachbeten" von etwas irgendwie „Unlo-gischem", denn *„Logos"* verweist immer auch auf eine innewohnende Klar-heit und Ordnung, ein lebendiges, lebenschaffendes Licht, wie es im näch-sten Vers weiter heißt. Wir dürfen ihn also sehen als instinktiv „logisch" gegründete Wahrnehmungskraft, als einen „ästhetischen Sinn" (gr. *aisthe-sis* = „Wahrnehmung") für das Mögliche, Neue, Zukunftsweisende, als ein unverbrauchtes kindlich-schöpferisches geistiges „Sehorgan", welches das, was in gegensätzliche Teilaspekte verstreut scheint in neuartiger Schau zu einem Ganzen zusammenbringt – und zugleich „darüber hinaus" geht, Neuland entdeckt: Alle wirkliche Erkenntnis setzt solchen Glauben voraus, ist kreativ, schafft unser Bild vom Zusammenspiel der Welt neu und ist damit tatsächlich die *„größte aller schöpferischen Kräfte im mensch-lichen Leben"*...

Ist „Glaube", diese fade ausgelutschte Vokabel also – ähnlich wie die „Liebe" (mit der er in der Wortwurzel verwandt ist!) – nur ein anderes Wort für das spontan schaffenden Zentrum der Welt, des Lebenssinns, der Magie der ewig schöpferischen, ewig neuen, befreienden Geistkraft, wel-che unsere innerste Weisheit im Einklang mit der größeren weisheitlichen Ordnung schaut, aus der sie stammt? Glaube – zusammen mit Hoffnung und Liebe ein *Kind* der uranfänglichen Weisheit, der Heiligen Sophia, wie eine russische Legende erzählt: Die unsterbliche, wegleitende Kraft, die in uns wohnt und als solche erkannt werden will?

Es ist das *göttliche Kind,* das aus vielen Hochkulturen bekannt ist, zugleich Logos und Sophia: Es spielt und lässt uns so Welt und Leben in neuem Licht sehen, neu geboren durch die Magie der schöpferischen Kraft, die ihm innewohnt.

Ich muss sie nicht alle aufzählen, die göttlichen Kinder: den ägyptischen Horus (gr. Harpokrates), Dionysos, Iakchos oder Eubulos in Griechenland, Hermes/Merkur (nicht zu vergessen Aphrodite und Eros, Venus und den listigen Amor!) um schließlich bei Jesus, dem Kind in der Krippe herauszukommen. Ich will nicht alle ihre Geschichten erzählen – vielleicht wird mir unterwegs das eine oder andere einfallen. Mein Blick schweift einfach über meine „Geheimgesellschaft" und ich sehe, wie oft das göttliche zugleich anfänglich schöpferische und in die Zukunft weisende göttliche Kind vertreten ist: in der Einheit mit *Maria,* die sein Werden durch ihr „Ja", ihren Glauben ermöglicht hat; auf der Schulter des *Christophorus,* der durch seinen beharrlichen Glauben und Dienst erfahren hat, was über alle weltliche Macht hinausweist; in Gestalt meiner Stanniol-*Sophia,* welche als spielende Geist-Gefährtin und göttlicher Hauch allem ins Leben verhilft; in der Siegel-Figur der *Hoffnung,* die von Alters her Ähren oder Früchtekorb als Symbole des göttlichen Kindes trägt; in meinem schwarzen *Buddha* auf der *Lotusblüte,* aus der auch in Ägypten allmorgendlich das *Horuskind* neu geboren wird.

Alle sind sie mächtige Zeugen für die schöpferische Kraft des Glaubens. Alle sind Symbole zukünftiger Möglichkeiten: des Erkennens, der Neugeburt und des Erwachens zum Sinn, zu einem größeren Lebenshorizont. Keines davon ist „endgültig wahr", alle sind *Gleichnisse* einer archetypischen Kraft, die unsere Gefühlswahrnehmung anregen sollen, aber nicht darin gefangensetzen. Denn das hochaufgeladene Symbol des göttlichen Kindes, des Kindes überhaupt, kann uns in allen möglichen Gestalten begegnen: In den Händen der Hoffnung als Granatapfelblüte, als Ährenbündel, als Dreiblatt, als Frucht oder Früchtekorb, wie bei der Siegelfigur auf meinem Schreibtisch. Immer weist es auf etwas Zukünftiges, etwas das man nicht

„machen" kann, was vielmehr wachsen und werden muss. Oder auch, wie in vielen Mythen, Sagen und Legenden, etwas, was verloren gegangen ist und nun (wieder) gefunden werden muss, ein Edelstein, eine Perle, irgendeine „schwer erreichbare Kostbarkeit", oft im Unscheinbaren, Unansehnlichen verborgen, im „Dreck", wie der Schatz im Acker in Mat 13,44. Nicht selten auch als nicht ganz geheures Wesen, als Zwerg oder Elf, Wesen eines Zwischenreiches. Jedenfalls erscheint es in nahezu unbegrenzt wandelbarer Gestalt (C. G. Jung, GW 9/1 § 267 f), es kann sich listig verbergen und verschwindet, wenn man sich seiner allzu sicher glaubt: Ganz so – um zur Weisheit Tagores zurückzukommen – wie sich weder Kreativität noch Glaube und Erkenntnis eines Sinns befehlen und festhalten lassen. Beide kann man nicht erzwingen, sie entstehen oft aus Irritationen. Man kann ihnen nur *Raum schaffen*, indem man sich für das Mögliche, Visionen eröffnende in sinnbereiter, offener Haltung bereithält.

Die Bedingungen, mit dem uranfänglich Schöpferischen, dessen Bild das „göttliche Kind" ist, in Fühlung zu kommen, sind also paradox: Einerseits erfordern sie ein Öffnen unserer immer auf „Zugriff", „Be-griff" und Festhalten ausgerichteten Hände, zum anderen bilden sich Glauben und Sinnvision auch in seelisch aktiv konzentrierten kreativen Prozessen. Intuition und aufmerksames, raumgebendes Halten der Intuition sind der mütterliche haltende, „marianische" Raum, in dem Zukunft und Sinnerweiterung gedeihen. Der entscheidende Moment, aus dem das Neue dann hervorgeht, ist immer der Augenblick, in dem wir auf eine neue, horizonterweiternde Ahnung oder Vision eine deutliche Resonanz im Innern unseres Wesens spüren. Dann hat uns das göttliche Kind zugelacht …

Über viele Elemente dieses Prozesses habe ich schon im Zusammenhang mit einer der Symbol-Figuren meiner „Geheimgesellschaft" in irgendeiner Weise nachgesonnen und geschrieben. Mein Glaube an die Magie der oft wirklich sehr „kindlich" daherkommenden Winke, Zufälle und Ahnungen ist inzwischen fast so unbegrenzt wie die Erscheinungsweisen des göttlichen Kindes – auch wenn es nicht unentwegt um mich herumhüpft, sondern sich zuweilen eine bange Zeit lang unauffindbar macht und durch keinen Ruf zu erreichen versteckt – wie früher meine eigenen Kinder in unserem großen Garten.

Und eine dieser Symbolgestalten mit dem Kind wartet nun schon seit vielen Jahren auf meine Zuwendung und zwingt mich, wo immer ich einer Darstellung begegne, möglichst ein Bild davon zu bekommen, und das ist eben *Christophorus.*

Ich ahne, dass ich mich mit ihm möglicherweise in einem Labyrinth verfange, aus dem ich schwer herausfinden werde.

Aber das Risiko gehört zum Spiel, und das Spiel gehört zum schöpferischen Lebensgeheimnis des göttlichen Kindes – und zum Glauben an seine Zukunftsträchtigkeit und es duldet keinen weiteren Aufschub. Und so sei's gewagt – auf meine eigene, weiträumig umkreisende Art, die ihre eigene „Logik" hat ...

Christophorus

Es war vor etwa zwanzig Jahren im fränkischen Vierzehnheiligen, als ich mit fasziniertem Kinderblick die langen Reihen der Stände mit Devotionalien entlang ging und mich nicht trennen konnte von der unüberschaubaren, bunten Fülle an Andenken und Amuletten auf diesem für meinen Protestantenverstand unfassbaren Jahrmarkt. Zuvor schon war ich in der jubelnd und schwärmerisch überbordenden barocken Pracht im Kircheninneren von einem Entzücken ins andere gefallen. Und nun wollte ich diesen Ort des ekstatischen Gefühlsausdrucks, der mich derart mitgerissen hatte, nicht verlassen, ohne eine „Reliquie" mit zunehmen, die mir helfen würde diesen Überschwang noch eine Weile in mir zurückzurufen.

Dass ich damals schließlich an dem Christophorus-Figürchen hängen blieb, mag daher rühren, dass er mir der bekannteste unter den Heiligen war und auch recht gut gemacht.

Alles rational gut vertretbare Gründe. Dass allerdings meine Wahl mehr als ein Zu-Fall war, merkte ich im Lauf der Zeit daran, dass ich – neben meinen anderen Motiv-Recherchen her – überall auch ein „Nebenher-Auge" hatte auf Christophorusse: ob als Figur oder Malerei, ob im Kircheninneren, ob schon weithin sichtbar am Fassadenäußeren.

Ein Schlüsselerlebnis hatte ich dann viele Jahre später, als Teile des Falkensteiner Altars, zwischen 1515 und 1540 in der Werkstatt des geheimnisvollen Meisters von Messkirch aus der Donaueschinger Sammlung als

Leihgaben in die Stuttgarter Staatsgalerie kamen – darunter ein dazugehöriger Christophorus.

Ohnehin schon entflammt für die Ausdruckskraft, lucide Farbigkeit und Konturierung des Meisters, traf mich dieser Christophorus ins Mark (Abb. 5): Nicht nur die enorme Bewegtheit der Darstellung im Sturm des (Heiligen) Geistes, nicht nur die triumphal fordernde, vorwärtstreibende Gestalt des göttlichen Kindes auf den Schultern seines Trägers waren es, die mich elektrisierten. Was mich vor allem packte (und bis heute nicht loslässt) ist der *Blick* des Heiligen Christophoros. Ein Blick, der nicht wie bei vielen anderen Darstellungen demütig gesenkt oder (wie auch bei meinem Schreibtisch-Christophorus) nach Innen gerichtet ist, sondern sich direkt auf den Betrachter richtet. Dieser Christophorus ist keine Legendenfigur längst vergangener Zeiten, sondern ein Hiesiger. Einer, der seinem Betrachter in diesem, jetzigen Moment einen durchdringenden Blick zuwirft, als wollte er – ja – was ist es, was er sagen will?

Daran rätsle ich.

Mit seinem Blick tritt er heraus aus der Zeit und wird zu einer direkten Anwesenheit und Herausforderung, geradezu ein Appell, sich mit ihm als überzeitlichem, stets präsenten archetypischen „An-Spruch" (auch wenn er nonverbal ergeht) auseinanderzusetzen.

Überzeitlich und doch absolut persönlich, als wollte er sagen: „Siehst du, was hier gerade passiert? Was *mir* geschieht? Dass ich total unter die Fuchtel dieses kleinen Kerls bin, gezwungen das zu tun, was *er* will, nicht ich? Ich der Riese Offerus-Reprobus, der sich nur dem Allermächtigsten unterordnen wollte – und nun habe ich mir diesen scheinbar kleinen, macht- und hilflosen Wicht aufgeladen und da treibt der mich immer bestimmender voran und wird schwer und schwerer zu tragen, sodass ich um mein Leben fürchten musste und Mühe habe, ans Ufer zu kommen? Siehst du, was das bedeutet, wer er in Wirklichkeit ist?"

Es gibt äußerlich wesentlich dramatischere Bilder, wie etwa das von Otto Dix (Abb. 6), in dem noch viel stärker und expressiver der Aufruhr in Szene gesetzt ist, in den nicht nur der Riese, sondern die gesamte Natur versetzt werden, die gefährlich aufbrausenden und steigenden Fluten des

Abb. 5
Christophorus
(Seitenflügel des Falkensteiner Altars (um 1530) des Meister von Messkirch, Sammlung Würth, Schwäbisch Hall) Den Vordergrund dominiert bildbestimmend der Riese mit dem energisch vorantreibenden Christuskind auf den Schultern. Auf einen umgekehrten Baumstamm gestützt (der seine Riesenkräfte illustriert), erreicht Christophorus gerade das rettende Ufer. Damit liegt die lebensgefährliche Passage unter der schwer und schwerer werdenden Last des Kindes, die ihn um sein Leben fürchten ließ, hinter ihm. Doch wir sehen die dramatische Situation weiterwirken in den vom Sturm des Geistes gewaltig gebauschten Umhängen, vor allem aber im Blick des Christophorus, den er direkt auf den Beschauer richtet und ihn damit herausfordernd miteinbezieht in das ungeheure Ereignis, als wolle er sagen: „Siehst du, was hier geschehen ist?" „Hast du begriffen, dass das nicht nur mich angeht? Siehst du, was für eine überwältigende Macht in diesem Knirps steckt und dass du dich da nicht heraushalten kannst?"
Obwohl die Landschaft im Hintergrund gegenüber der Hauptfigur extrem verkleinert ist, enthält sie symbolisch starke erzählerische Elemente: Der Eremit, der Christophorus den entscheidenden Rat für die Art seines Dienstes gab, ist vor seine Hütte getreten und hält eine Fackel hoch, deren kreisrunder, sonnenhafter Lichtschein den Moment anzudeuten scheint, in dem die Christus-Suche ihre Vollendung gefunden hat.

Abb. 6
Der Christophorus des Otto Dix
(1939, Kunstgalerie Gera)
Ein Bild von ungeheuerlicher Dramatik und Expressivität und des krassen Kontrasts: Kaum zu fassen, wie dieses winzige rosig-nackte Kerlchen da sicher wie ein koboldischer Zirkusreiter triumphierend auf der Schulter des Christophorus steht und auf ihn hinabschaut, sein kleines Szepter wie eine Peitsche schwingend. Und dieser kraftstrotzende Riese kann es nicht fassen, was ihn da vorantreibt, in Lebensgefahr bringt, die Elemente der Natur bis aufs Äußerste entfesselt. Mit Riesenschritten und unter Einsatz aller Kraft versucht er der steigenden, schäumenden Flut zu entkommen, während der Sturm ihm fast den roten Umhang vom nackten Leib reißt. Mit halb gehetztem halb ungläubigem Blick schaut er misstrauisch auf dieses vermeintlich hilflosen Figürchen zurück, dessen Ruf ihn in dieses gefährliche Abenteuer gestürzt hat - die wütend aufgewühlte Situation steht ihm ins wild vom rotem Haar und Bart umflammten Gesicht geschrieben.
Spiegelt sie den heftigen Seelenzustand des Malers selbst? Er hat es 1939 gemalt, nachdem er bereits 1933 seine Professur in Dresden verloren hatte und nun vor kurzem von der Gestapo unter dem Verdacht der Beteiligung an einem Attentat verhaftet worden, wenn auch wieder freigelassen worden war. Wie so oft mag er sich gefragt haben: Wohin treibt mich „das Leben" denn noch, wie soll das weitergehen? Und: Wie soll man das aushalten?

sonst ruhig dahinfließenden Flusses, so, wie es in der *„Legenda aurea"* des Jacobus de Voragine (gest. 1298) geschildert wird. Sie sei hier kurz erzählt.

Die Legende vom Heiligen Christophorus

Einst lebte ein Mensch namens Reprobus (der Schlechte, Verworfene – in anderen Versionen heißt er „Offerus"). Er war von riesenhafter Größe und furchterregendem Angesicht. Er war Kananäer und diente dem König, bis ihm in den Sinn kam, dieser sei ihm nicht mächtig genug und er solle den mächtigsten König aller Könige suchen. Er machte sich auf und fand einen, der seine Vorstellung zu erfüllen schien. Der nahm ihn wegen seiner Größe und Stärke gern auf an seinen Hof. Eines Tages aber kam ein Spielmann vorbei und sang viele Lieder, darunter einige, in dem der Name des Teufels vorkam – und Reprobus-Offerus sah, wie sich der König jedes Mal, wenn dieser Name genannt wurde, bekreuzigte. Als der Spielmann weitergezogen war, fragte er seinen Herrn, warum er das getan habe, und erfuhr, dass der König Angst vor dem Teufel hatte. Da sagte Offerus zu ihm: Wenn du den Teufel fürchtest, muss er mächtiger sein als du und ich kann nicht bei dir bleiben, denn ich will nur dem Mächtigsten dienen. Und er machte sich auf, den Teufel zu suchen.

Er fand ihn in einer Einöde als einen wild und schrecklich anzusehenden Ritter, der ihn fragte, wohin er wolle. Als ihm Offerus angab, er suche den Teufel, um ihm zu dienen, sprach er, da sei er bei ihm richtig und stellte ihn in seinen Dienst. Eines Tages aber kamen sie an eine Straße, an der ein Kreuz stand. Da verließ der Teufel voll Furcht die Straße und nahm einen Umweg durch eine wüste Gegend, bis er sich wieder auf die Straße wagte. Offerus verwunderte sich darüber sehr und fragte, warum man die Straße hatte verlassen müssen und solch einen mühsamen Umweg machen. Der Teufel wollte es erst nicht sagen, aber als ihm der Riese drohte, ihn andernfalls zu verlassen, sagte er ihm, es habe einen Menschen gegeben, der ihm nicht gehorchen wollte und der ans Kreuz geschlagen worden sei, das sei Christus. Darum fürchte er sich vor diesem Zeichen und müsse davor fliehen. Da erkannte Offerus, dass es einen noch mächtigeren Herrn gab als den Teufel und verließ ihn, um Christus zu suchen.

Lange zog er umher und kam schließlich zu einem Einsiedler, der ihm von Christus erzählte. Froh darüber, seinem Ziel näher zu kommen, fragte Offerus, wie er denn diesem Christus dienen könne. Der Einsiedel antwortete, da müsse er zunächst viel fasten. Aber Offerus schüttelte den Kopf, das könne er nicht, er solle ihm etwas anderes raten. Darauf riet ihm der Einsiedler zu beten, aber auch dazu sagte der Riese, das könne er nicht, er wisse gar nicht, was das sei und könne ihm so nicht folgen. Da fragte ihn der Eremit, ob er den Fluss kenne, darin viele umkamen, die hinüberwollten. Ja, den kenne er, antwortete Offerus, und der Eremit sagte zu ihm: Dann kannst du also etwas tun. Du bist groß und stark, also setze dich an den Fluss und trage die hinüber, die hinüber wollen.

Damit war der Christussucher nun einverstanden. Er ging zu dem Fluss, baute sich am Ufer eine Hütte und suchte sich einen baumgroßen Stecken. Auf den stützte er sich im Wasser und trug von nun an ohne Unterlass Menschen über den Fluss.

Eines Tages, als er in seiner Hütte ausruhte, hörte er die Stimme eines Kindes, das ihn rief: Christophorus, komm heraus und setz mich über! Er stand auf, konnte aber niemand finden und ging wieder zurück in seine Hütte. Da hörte er die Stimme abermals. Wieder ging er hinaus und fand niemand. Danach hörte er die Stimme zum dritten Mal, und als er hinausging, fand er ein Kind am Ufer, das ihn bat, es hinüberzutragen.

Also nahm er das Kind auf die Schulter, ergriff seinen Stab und ging ins Wasser. Aber siehe, das Wasser stieg hoch und höher und das Kind auf seiner Schulter wurde schwer wie Blei. Und je weiter er schritt, desto höher wurde die Flut und desto schwerer wurde das Kind, so dass er es kaum mehr tragen konnte und in große Angst geriet, er müsste ertrinken. Als er dann endlich mit großer Mühe durch den Fluss ans Ufer gekommen war, setzte er den Knaben nieder und sagte zu ihm: Du hast mich in große Gefahr gebracht und warst mir eine so große Last, dass die Last der ganzen Welt nicht hätte größer sein können. Da antwortete das Kind: Darüber sollst du dich nicht wundern, Christophorus, denn du hast nicht allein die Welt auf deinen Schultern getragen, sondern auch den, der die Welt erschaffen hat. Denn wisse, ich bin Christus, dein König, dem du dienen wolltest. Und damit du siehst, dass ich die Wahrheit sage, nimm deinen Stab und stecke ihn neben deiner Hütte in die Erde.

Und, O Wunder, am Morgen trug der Stab grüne Blätter und Früchte wie ein Palmbaum.

Der Riese und das Kind

Die Geschichte vom bekehrten Christophorus, der endlich den mächtigsten Herrn der Welt gefunden hat, geht nun noch lange weiter und führt in mehreren Sequenzen in eine Märtyrergeschichte, wie sie in damaliger Zeit unerlässlich zu einem Heiligen gehört.

Meinen Plastik-Christophorus und meine „Geheimgesellschaft" interessiert dieser Teil nicht besonders. Uns fesselt an der mit Märchenelementen durchwobenen Geschichte des Christophorus, der vom „Schlechten, Verworfenen" (Reprobus) zum Christusträger wird (gr. *phorein* = tragen) vor allem eines: Es ist nicht die Erscheinung des „Christus Pantokrator", des majestätisch thronenden Allherrschers, der ihn die unüberbietbare Macht des „Christkönigs" lehrt! Die einprägsame Spannung der Sage ergibt sich vielmehr gerade durch den Gegensatz zwischen dem Bild roher Titanenkraft und kindlicher Unscheinbarkeit und Zartheit, die sich auf unheimliche, tricksterhaft zweideutige Weise in eine dieses Titanische niederzwingende Macht verwandelt. Während die schiere Körperlichkeit des Riesen nur mit diesem einseitigen archaischen Trumpf aufwarten kann, sehen wir in der Gestalt des göttlichen Kindes das ganze Spektrum der zu jeglicher Spielart fähigen Wandlungskraft des welt- und sinnschaffenden schöpferischen Logos, der wegleitenden, nicht immer harmlosen Urweisheit. Das Kind repräsentiert eine Macht, die alle Kräfte der „oberen" Geistkräfte und des „unteren" Körperselbst, des Zukunftsweisenden wie des archaischen Triebgrundes potentiell in sich zusammenfasst. Und uns dies in der Christophorus-Legende auch in seiner ganzen Bandbreite plastisch und in starker Bildhaftigkeit vor Augen führt, wie es sich für ein derart bedeutungsvolles Symbol gehört.

Am stärksten habe ich den Kontrast von Riesenmensch und Kind bisher bei Lucas Cranach d. Ä. gefunden (Abb. 7): Dort trägt Christophorus einen derart naturalistisch babyspeckigen Winzling auf den Schultern, dass man sich kaum vorstellen kann, dass der jemals schon sicher auf den Beinen gestanden ist, um zu rufen. Das Köpfchen ist noch fast kahl, aber der Blick so energisch zielorientiert, wie man das schon früh bei kleinen Kindern beobachten kann, genauso wie die bestimmende Geste, wenn sie unbedingt irgendwohin wollen. Und während dieses Baby so völlig diesseitig konzentriert genau weiß, was es will, wirkt der überwältigte Chri-

Abb. 7
Lucas Cranach d. Ä., Christophorus
(Tafelbild, 1518/1520, Detroit Institute of Arts)
Das Pikante an diesem Bild ist wieder der Kontrast zwischen dem Riesen und dem Kind, und dass man diesem babyspeckigen kleinen Kerlchen nicht einmal zutrauen würde, vor der Hütte des Christophorus auf eigenen Füßen gestanden zu haben. Und dennoch ist die Macht, die es über den großen Mann ausübt, gewaltig. Auf seiner Schulter liegend und sich in seinem Haar festkrallend, zeigt es mit dem rechten Händchen derart bestimmend voraus, wo es hinwill, wie man das tatsächlich schon bei kleinen Krabbelkindern erlebt: Mit energischem Gesichtsausdruck und Geste steuern sie ein Ziel an - und der Erwachsene muss folgen. Und Christophorus tut's. Völlig hingegeben, das Gesicht zum Himmel gewandt, stakt er durch die Flut, deren Unheimlichkeit weniger durch aufschäumende Wellen gezeigt wird, als durch die Melusine mit dem grünlichen Drachenschwanz im Vordergrund: Symbol aller Unberechenbarkeit nicht nur der realen Gewässer, sondern auch des dunklen Wassers als Element aller seelisch untergründigen Gefahren. Doch Christophorus lässt sich davon nicht faszinieren. Sein Blick, seine Seele ist durch eine „höhere Sphäre" gebannt, er spürt, dass dies der Moment ist, auf den er nun schon so lange gewartet hat. Wie bedeutsam dieser „Gnadenmoment" ist, sehen wir auch am Ausdruck des Eremiten, der im Innersten zu wissen scheint, dass dieser Augenblick der ersehnte „kairos" ist, um den er vermutlich stetig für Christophorus gebetet hat.

stophorus wie ein von überweltlicher Magie völlig hypnotisierter Schlaf-
wandler, der nicht weiß, wie ihm geschieht – nur, dass er gar keine andere
Wahl hat, als zu folgen.

Dass er solche Wahl nicht hat, weiß auch der Dix'sche, in altmeister-
licher Manier gemalte Christophorus (Abb. 6). Aber für dieses Christuskind Sympathie zu entwickeln, fällt eher schwer: Auf des Riesen Schulter stehend wie auf einem Zirkuspferd, schwingt es triumphierend sein
Szepter wie eine Peitsche, und zusammen mit dem protzigen Reichsap-
fel in seiner Linken bildet das einen seltsam überflüssigen Kontrast zur
rosigen Nacktheit des Kerlchens. Denn solche Entfesselung der Elemente,
wie sie im schäumenden Fluss angedeutet sind, solches Sturmesbrausen,
wie es das Gewand des Mannes erfasst hat, solch rational unfassbares phy-
sisch niederdrückendes Gewicht allein hätten mit Sicherheit ausgereicht,
um den „wilden Mann" von der Macht des Kindes zu überzeugen. Sein
zutiefst „aufgewühlter" Gefühlszustand ist ihm am Gesicht abzulesen, am
geradezu gehetzten Blick, mit dem er auf das vermeintlich harmlose Knäblein zurückschaut und versucht, es mit der extremen Situation zusam-
menzubringen, in die es ihn gebracht hat. Dix hat das Bild 1939 in einer
schweren Lebenskrise gemalt, nachdem er bereits fünf Jahre zuvor von den
Nationalsozialisten mit einem Ausstellungsverbot belegt (1933 bereits seiner Professur in Dresden enthoben) und nun vor kurzem von der Gestapo
verhaftet worden war, die ihm eine Beteiligung am Münchner Attentat
unterschieben wollte. Eine gewisse physignomische Ähnlichkeit des Christophorus mit dem Künstler kann einem zu denken geben.

Aber ich kehre zurück zu „meinem" Christophorus des Meister von Messkirch (Abb. 5), zu dem durchdringenden Blick, der nicht aufs Kind, sondern
auf den Betrachter – also mich! – gerichtet ist. Wer sich in des Meisters Wer-
ken ein wenig auskennt, weiß, dass er nicht nur hier einen Heiligen die allgemeine ikonographische Ebene „transzendieren" lässt und in die Lebenswelt
des Anschauenden hinausgreift. Selbst der kleine Jesus in der „Anbetung
der Heiligen drei Könige" in der Martinskirche von Messkirch blickt vom
Schoß seiner Mutter Maria nicht etwa die huldigenden Magier an, sondern
richtet seine Augen scharf auf die des Betrachters. Und zwar genauso dring-
lich, geradezu „übergriffig", wie hier der rotbärtige Christophorus.

Ja, ich empfinde es buchstäblich als Übergriff. Als unbedingte Forderung, als dringlichen Appell, mich mit dieser Geschichte, diesem starken symbolischen, ja archetypischen Gleichnis zu befassen.

Ich schaue auf den eher demütig blickende Plastik-Christophorus meiner „Geheimgesellschaft". Was sagt denn er dazu, was die Geheimgesellschaft?

Mir scheint, sie stimmen mir zu, denn es geht um ein so zentrales und zugleich derart fassettenreiches Geheimnis des seelischen Er-lebens, dass ich es, wie schon erwähnt, in der einen oder anderen Weise in jeder ihrer Figuren schon einmal umkreist habe. Mindestens viermal hat es mich schon gerufen: In der Frage nach der Hoffnung, nach der Schwarzen Madonna, der Maria mit dem Kind überhaupt, und in Gestalt der rufenden biblischen Weisheit. So wie hier, in dieser drastisch-dringlichen Form allerdings hatte es mich bis jetzt noch nicht gepackt. Ein fünftes Mal also muss ich jetzt – buchstäblich – dran glauben.

Der Falkensteiner Christophorus des Meisters von Messkirch weiß, jedenfalls, was die Stunde geschlagen hat. Davor hat er etwas lernen müssen, was seiner berserkerhaften Kämpfernatur und allem Machtstreben völlig entgegengesetzt ist: Geduld haben, warten.

„Warten" in seiner schönen Doppelbedeutung. Denn warten bedeutet nicht nur etwas er-warten, auf-etwas-warten. Es bedeutet auch: Etwas aufmerksam betreuen und pflegen. Im Zoo gab es früher „Tierwärter", und Kranke oder Kinder wohlhabender Leute hatten eine „Wärterin", die sie fürsorglich vor Schaden zu bewahren hatte, zu pflegen und für ihr Wohl und Gedeihen zu sorgen.

Das ist so ziemlich das Gegenteil der heroischen Kämpferrolle, die der Riese Offerus bei den „Mächtigen" gesucht hatte. Um die größte Macht zu finden, darf dieser grobe, bärenstarke Mensch jetzt seine überdimensionalen (Trieb-) Kräfte nicht stürmisch aggressiv ausagieren, sondern muss sie geduldig und langmütig denen zur Verfügung stellen, die ihm körperlich unterlegen sind und nicht aus eigener Kraft den Fluss überqueren können. Die muss er *halten* und *tragen*, muss eine Haltung einnehmen, die eher dem mütterlich-weiblichen Spektrum zuzuordnen sind als dem mus-kelspielenden männlichen.

Auch geht es nicht mehr gestiefelt und gespornt und gerüstet über Stock und Stein gegen irgendeinen bösen Feind. Statt dessen übt er seinen Dienst mit bloßen Füßen aus – wie ein armes Kind ...

Und mit diesen bloßen Füßen kommt er bei jeder seiner „Meditationsübungen" des Tragens und Haltens der ihm an Körperkräften Unterlegenen mit einem Element in Berührung, dem nicht nur reinigende, Symbolkraft zugesprochen wird, sondern das auch ein Sinnbild der Intuition und des Geistes in seiner materiellen Form ist – auch wenn ihm, wie die Geschichte später zeigen wird, auch unheimliche, überwältigende, das Bewusstsein überschwemmende Elementarkräfte innewohnen können, wie auch die betörende Melusine auf dem Cranach'schen Bild (Abb. 7) andeutet.

Christophorus watet und wartet also.

Es ist bemerkenswert, dass ihm der Eremit die „klassischen" Meditationsübungen (fasten und beten) nicht zumutet, dass er akzeptiert, dass nur die je eigene, eigenständig gewählte „Meditationsmethode" einen Suchenden zu sich selbst bzw. zum Ursprung seiner Sehnsucht führen kann. So mancher Heutige könnte von der Entschiedenheit sowohl des Riesen als auch der Einsicht des Eremiten lernen: Gerade für die Eigenwilligen, Triebstarken unter den Suchenden ist nicht das Kopieren vorgezeichneter Muster der richtige Weg und jeder echte spirituelle Helfer wird ihm helfen, den eigenen zu erspüren. Nur so kann auch das Echte, Eigene gefunden werden. Was „Wahrheit" ist, kann jedem nur sein tiefeigenes Charisma, sein Inbild sagen, das seinen Blick sucht und – oft unmerklich – lenkt.

Alles, auch das kleinste Geschehnis, kann von Bedeutung sein, alles, was wir erleben, verdient Aufmerksamkeit.

Der Blick

Mein Leben, Forschen und Schreiben sind eng verknüpft. Was auch immer geschieht, spielt in meine Arbeit hinein, will mitspielen und ich habe gelernt, es ernst zu nehmen, als Blinkzeichen, Wink, als hereinblinkenden Blick aus der Anderwelt.

Was also haben die jüngsten Ereignisse, die ich zunächst beiseite schieben wollte, die mich aber auf verschiedene Weise sehr beeindruckt haben, mit dem, was ich hier zu ergründen suche zu tun? Da war ein Besuch bei Bruder Jakobus, dem Eremiten auf dem Ramsberg, mit seiner uralten Marienkapelle, ausgemalt mit wiederentdeckten, teils schön restaurierten, teils zeichenhaft verblassten Fresken. Im Zentrum ein ungewöhnlich strahlendes Christusbild, aus der Tradition der *„acheiropoitoi"*, der „nicht von Menschenhänden gemachten" Bilder auf den berühmten Grabtüchern. Aber hier – und das ist das Ungewöhnliche, vielleicht sogar Einmalige an dieser im besten Sinne „naiven" Darstellung – kein Leidensbild, sondern mit dem strahlenden Blick und Lächeln des Auferstandenen, vier Lilien in seiner Aura, die unverkennbaren Zeichen der göttlichen Weisheit, der Sophia, die vor allem Erschaffenen war (Abb. 8). Der An-Blick hat mich so fasziniert, dass ich nun eine Kopie davon vor mir auf dem Schreibtisch liegen habe – und mich anblicken lasse ...

Dann die Nachricht vom Tod eines Freundes, dessen subtile Naturfotographien die immaterielle geistige Wucht der auch von mir als Trägerin eines numinosen Hindurchscheinenden verehrten Natur in umwerfender Schönheit und Glut zum Leuchten brachten: Mit absoluter Kompromisslosigkeit hatte er seinen Weg verfolgt, die *„kairos"*-Momente des Lichts gesucht, gegen alle künstlerischen Moden und erzwungenen Apartheiten. Seine Frau bat mich, bei der freireligiösen Bestattung die Trauerrede zu halten – mich, die ich die beiden sicher viel weniger lang gekannt habe als alle, die sich da versammeln werden am „Friedwald" unter freiem Himmel ... Ich las in seinen Briefen, seinen Bildern, in den Erinnerungen an Begegnungen und spürte daraus Blicke, denen ich nicht ausweichen kann und die allzuviele Fragen aufwerfen. Fragen, die das eigene Leben und unausweichliche Sterben in einen neuen Fragenhorizont stellen und Unruhe schaffen, so viel, dass die Wunde einer an sich harmlosen Zahnoperation

Abb. 8
Das „wahre Antlitz" des verklärten auferstandenen Christus
(Wandzeichnung über dem Chorfenster der einstigen Marien-, später Wendelinskapelle der Einsiedelei auf
Burg Ramsberg im Linzgau, 1467)
Das Christusbild im Zentrum der Chorwand gehört stilistisch zu den „nicht von Menschenhand gemalten"
Bildern (Acheiropoitoi), also auf wunderbare Weise entstandenen, „wahren Ikonen", die der Legende nach
auf den unmittelbaren Abdruck des Antlitzes Christi auf einem Schweiß- oder Grabtuch zurückgehen. Das
Tuch ist zeichnerisch angedeutet. Jedoch haben wir hier kein Leidensbild vor uns. Vielmehr blickt uns der
Auferstandene mit weit geöffneten, leuchtenden Augen in hieratischer Ruhe lächelnd an. Er ist nicht nur
von einer strahlenden Aura umgeben, sondern daraus gehen auch vier kreuzförmig angeordneten Lilien
hervor, die ihn zugleich als Inkarnation der voranfänglichen göttlichen Weisheit (deren Symbol die Lilie
ist) und des Heiligen Geistes zeigen. Damit verweisen sie auch auf das im Kommen begriffene, bereits von
Joachim von Fiore (ca 1130-1225) geschaute „Lilienzeitalter", in dem Liebe, Weisheit, Heiliger Geist auf
neue Weise das Bewusstsein des Menschen prägen und erfüllen werden und ihn zu geistiger Freiheit führen.
Die schon seit dem 6. Jahrhundert bestehende hingebungsvolle Verehrung des heiligen Antlitzes bringt die
Hoffnung auf Erfüllung der Verheißung einer unverhüllten Geistes- und Gottesschau (1. Kor 13,12) zum
Ausdruck und den Menschheitstraum vom Glanz der ewigen Seligkeit, den Jesus als Christus in der Welt
wiedererweckt hat.

sich nicht beruhigen will, sondern im Schmerz verharrt. Ein Schmerz, der
mich wiederum an ablenkenden Aktivitäten hindert, etwa im blühenden
Garten mich zu verausgaben: Statt dessen bin ich gefangen, muss still halten, warten, durch das beunruhigend aufgewühlte Wasser meiner Depres-
sion waten ...

Der Blick des Christophorus. Nein, den Freund konnte er nicht schützen, er hätte auch gar nicht daran geglaubt, aber er ist nach einer längeren Krebskrankheit nicht unvorbereitet in den Tod gegangen, „ins Licht", wie seine Familie auf der Todesanzeige schrieb, ins Licht, das ihm das Immaterielle der Natur gezeigt und zunehmend zum beherrschenden Thema für ihn wurde, ihn hatte zum „gottlosen Mystiker" werden lassen.

Das Licht – und der Widerschein des Lichts in der Natur, die sie zum Leuchten bringt ...

Die Sonne scheint, der Garten prangt in Mai-Fülle und Licht, Robinie, Rosen und Jasmin duften um die Wette, der Holunder kurz vor dem Aufblühen, desgleichen der Mohn, die Frühkirschen sind schon rot und die Vögel haben ihre Freude dran: Licht und Glanz und Duft der ewig-weiblichen Weisheit, der Schechina, die sich in der Natur entfaltet, wie „Christus" alljährlich aufersteht ...

In anderen Religionen hat sie andere Namen: Völlig überraschend schickt mir eine Freundin ein kleines, kostbares Seidenbild einer fernöstlichen Spielart der göttlichen Weisheit: Die tibetische Grüne Tara im Strahlen- und Blütenkranz mit der Geste der Erdberührung: Spielart der Liebes- und Lichtgottheit, auf der Lotusblüte thronend, die sich über dem Urwasser mit seinen Schlammgrund erhebt – dieses Bild wolle zu mir, die ich auch in meinem letzten Märchen wieder einmal die „Grünkraft" (Hildegard von Bingen) beschworen habe, schreibt die Freundin.

Mein Kaleidoskop kommt nicht zur Ruhe: Wohin rufen mich diese in mein Leben und Arbeiten hineinspielenden Zeichen und Blicke?

Ich schaue auf den liliengeschmückten Christus vom Ramsberg, auf die Tara, auf die wunderbaren Naturbilder des Freundes, sehe sein Gesicht vor mir mit dem oft unvermittelten knitzen (schwäbisch für „schelmisch") Kichern, denke an seine Genussfreude und dass Christophoros nicht fasten wollte, sehe das muntere Knäblein auf Christophorus' Schulter, das zum Himmel weist, sehe das sonnenhafte Licht, das der Einsiedel-Kapuzenmann hochhält und spüre einen inneren Impuls, der mir zuflüstert:

„Denk darüber hinaus! Trag die Elendsgedanken vollends über den gefühlsschweren Fluss, ich, der spielende Logos, das Licht und Leben in allem,

mache mich mal schwer wie alle Last der Erde, aber ich lasse dich nicht ersaufen, mein Ärmchen leitet lichtvolle Energie herab, damit du Unteres mit Oberem verbinden kannst! Du selbst, jeder Mensch soll doch zum Lichtträger werden!"

Wer spricht da?

Gewiss, es ist der Blick des Christophorus-Bildes des Meisters von Messkirch vor mir, der mich trifft. Aber ist es auch seine Stimme? Andere Künstler haben ihn anders gesehen, nehmen wir nur das Bild von Otto Dix noch einmal her (Abb. 6). Da ist die Sache klar: Der szepterschwingende Knirps ist da derjenige mit dem sprechenden Blick, Christophorus nur der Hörende.

Der Knirps also ist es, bei dem es weitergeht. Das „göttliche Kind", das die Christophorus-Legende als gestaltgewordenen Impuls ins Bild bannt, Bild der rufenden Stimme, des Kindes, das von außen kommt um Christophorus zu wecken.

Mythos und Kunst brauchen das Bild, doch wenn wir verstehen wollen, müssen wir die religiöse Idee dahinter befreien aus der konkreten Form und als Symbol sehen: Die „Stimme" als eine innere Stimme – und das „göttliche Kind", die seelenführende Weisheit in uns, finden wir auch in anderen, viel älteren Mythen wieder: Etwa bei Platon, der in seinem letzten Mythos Sokrates eine Geschichte erzählen lässt, die uns zu einer neuen Perspektive verhelfen kann – wenn wir bereit sind, unser Kaleidoskop um eine Winzigkeit zu drehen.

Platon (427-327 v. Chr) lässt einen Krieger erzählen, was er in einer Art Nahtod-Erfahrung gesehen hat. Er sah nämlich, wie die Seelen der Verstorbenen zu einer neuen Lebensrunde in die Welt geschickt werden. Jede von ihnen darf sich zuvor ihr *„Paradeigma"*, ihren Lebensentwurf für die Zukunft selbst auswählen unter einer Vielzahl von Möglichkeiten. Sodann bekommt sie einen *„Daimon"* zugeordnet, einen Seelenführer, der sie bei der Verwirklichung der gewählten Gaben oder Charismen und Herausforderungen geleiten soll. (Dazu muss man wissen, dass *„daimon"* bei den Griechen nicht ein „Dämon" ist, sondern eine göttliche Wesenheit. Die Seele wird also hier an einen „göttlichen Delegierten", einen Genius angeschlossen, der ihr Ziel, ihr gewähltes „*telos*" in Reinform bewahrt und zu dessen Verwirklichung führen will). Wenn dann alle Seelen bereit sind, beginnt ihre dramatische Erdenreise: Durch Sturm und Gewitter hindurch landen sie im weiten, öden Tal *Lethe*. Dort müssen sie durch den Fluss „Sorglos", von dem sie auch trinken – und je mehr sie trinken, desto mehr vergessen sie ihr ursprüngliches Lebensziel und ihren Genius, sodass diejenigen, die zuviel trinken, ihr neues Leben in völliger Seinsvergessenheit („*Lethargie*"!), ohne jede Erinnerung an ihr Ziel beginnen. Bei denjenigen aber, die mäßig waren, ist die Erinnerung zwar abgeblasst, jedoch bleibt eine Ahnung davon. Auch die Verbindung mit ihrem Daimon ist nicht völlig betäubt. Vielmehr bleibt ihnen eine latente Bereitschaft für seine Stimme, seinen Ruf, eine Sehnsucht, ein Durst ...

Für den eigenwilligen jungianischen Psychotherapeuten James Hillman (1926-2011), ist dieser Mythos zur philosophischen Basis seiner Arbeit geworden. Er ist der Überzeugung, dass in jedem von uns von Anfang an eine Zielvorstellung (gr. *telos* heißt auch „Vollendung") dessen, was wir werden und sein sollen vorgegeben ist. Der „Daimon" oder „Genius" lenkt uns unentwegt darauf hin, notfalls auf leidvollen Umwegen. Michelangelo hat vom leitenden „Herzbild", vom *„immagine del cuor"* gesprochen, C. G. Jung spricht vom „Selbst", und davon, dass das Zentrum der alten Alchemisten das „Zwiegespräch mit ihrem guten (inneren) Engel" gewesen sei (*„colloquium cum suo angelo bono*, GW 9/I, § 85). Und Angelus Silesius (1624-1677) prägte das berühmte Epigramm:

> *In jedem lebt ein Bild des, das er werden soll.*
> *So lang er dies nicht ist, ist nicht sein Friede voll.*

Eine uralte Idee also, dieses Inbild, das erweckt und verwirklicht werden soll. Als „*Entelechie*" (was sein Ziel *(telos)* in sich selbst trägt), hat es auch Platons Schüler Aristoteles für das Zentrum des Menschenlebens angesehen, und als „göttliches Kind" ist es in unzähligen religiösen Ideen, Mythen und Sagen Bild geworden – auch im Christentum!

Nicht nur zu Weihnachten ruft es, sondern blickt uns an aus den verschiedensten Ereignissen und Lebensumständen und hofft auf Resonanz in uns, zielt in seinen Zeichen darauf, sein Ur-Bild zum Leuchten zu bringen, die *„Signatur unseres Herzens"* (Seneca), unseres innersten Selbst hervorzurufen.

Blick oder Ruf – es ist dasselbe:

Christophorus' Inbild hat nach einer Ganzheit gesucht, die sich als mächtiger erweist als die Mächtigen der Welt – auch der Teufel gehört ja als „Fürst der Welt" dazu. Und nun ruft sie ihn, zunächst einmal den Machtlosen, Schwächeren zu dienen, die nicht aus eigener Kraft die Gefahr des Flusses überwinden können: Ruft als ein *Kind.* Und hat ihn damit in eine Wandlungserfahrung gerufen. In eine Bestimmung, deren Leit-Bild in ihm angelegt war als sein ganz persönlicher Weg.

Auf einfacher Ebene kann man nun in der Christophorus-Legende (wie Luther) ein Gleichnis des „bekehrten Christen" sehen, in die buchstäbliche „Nachfolge Jesu" gerufen bis zum „Märtyrertod".

Dann hat man genau das getan, was Tagore in der von mir als Leitmotiv gewählten Bemerkung schmerzt: Man hat das Symbol einer (religiösen) Idee in eine viel *„zu feste und starre Form"* gepresst, einen *„Anspruch auf ein Monopol"* erhoben und damit den Weg versperrt für die großartige, aber beunruhigende offene Weite dieses Symbols. Aber man kann dann vielleicht beruhigt die Frage für erledigt erklären, die Arme über der Brust verschränken, sich in seinen Ohrsessel zurücklehnen und sich fromm fühlen.

Damit aber hat man das Symbol (und sich selbst) seines Wesens und symbolischen Lebens überhaupt beraubt. Denn das Wesen eines Symbols liegt nie in einer *abschließenden* Vorstellung, auf deren Gleisen man nun beruhigt dahinfahren kann. Vielmehr führen uns Ruf und Blick eines Symbols zuletzt immer in das *ungebahnte* Gelände unserer ureigenen Erfahrung, ob es uns passt oder nicht: *„Der Genius des Menschen, sein Höheres und Umfänglicheres, dessen Erstreckung niemand kennt, fällt den letzthinnigen Entscheid".* (Jung, GW 9/II,§ 79) Unser innerer Daimon, Genius, Engel, göttliches Kind will uns nicht einen ausgetretenen Pfad führen und weiß immer besser als bequeme Anpassung, was zur Verwirklichung unserer Bestimmung führt.

Der Blick und Ruf unseres Inbildes also wird uns führen – und zwar sowohl zu unserer ganz eigenen Aufgabe als auch darüber hinaus: Die energische Geste des Kindes nach oben (Meister von Messkirch) oder nach vorn (Cranach) spricht eine deutliche Sprache: Es geht um eine „Metanoia" ein „Darüberhinaus", *eine noch nicht erschlossene Seinsmöglichkeit.* Und das heißt: Es geht darum, die *ganze* Wirklichkeit zu erfassen, das scheinbar Widersprüchliche (Riese und Kind, „Verworfenheit" und ihm innewohnende Sehnsucht nach Heilung, Kind und Gewicht der Welt, Wasser und Geist, Dunkel und Licht) *zusammenzudenken,* den trennenden Fluss zu überschreiten.

Der Licht- und Heilbringer

„Zusammendenken" klingt sonderbar, weil unser gewohntes Denken darauf getrimmt ist, Phänomene in Einzelobjekte zu zerlegen, um sie dann schön säuberlich in eine Reihenfolge zu bringen. Wenn einer das kann, nennen wir ihn „intelligent". Vom lateinischen Wort her meint „inter-legere" aber etwas Darüberhinausgehendes. Wohl muss man die einzelnen Zeichen „aufzählen" und „lesen" (lat. *legere*) können. Aber man muss auch dazwischen (lat. *inter*) hin- und hergehen können, sie „sammeln" (ursprünglichste Form von *legere*), sie in einen neuen Zusammenhang bringen, indem man sozusagen auch „zwischen den Zeilen" liest. Unterscheiden und zusammenbringen, lösen und (neu) verbinden, immer wieder und immer wieder aufs Neue, wie es uns das Kaleidoskop vormacht, das ist die Basis aller Wandlungsprozesse, ob in Alchemie, moderner Wissenschaft, Psychologie oder (religiöser) Symboldeutung. Und mit großer Symbolik haben wir es hier zu tun, mit einer Symbolik, mit der sich C. G. Jung in seinen Ausführungen „Zur Psychologie des Kindarchetypus" ausführlich befasst hat.

Ich habe das schon oft gelesen, in den verschiedensten Zusammenhängen mit meiner „Geheimgesellschaft". Jetzt bin ich wieder so fasziniert, dass ich einen längeren Abschnitt zitieren möchte, weil er absolut damit übereinstimmt, was Jung auch über den *„Genius"* sagt.

Hier zum Symbol des Kindes:

Es personifiziert Lebensmächte jenseits des beschränkten Bewusstseinsumfanges, Wege und Möglichkeiten, von denen das Bewusstsein in seiner Einseitigkeit nichts weiß, und eine Ganzheit, welche die Tiefe der Natur mit einschließt. Es stellt den stärksten und unvermeidlichsten Drang des Wesens dar, nämlich

den, sich selber zu verwirklichen. Es ist ein mit allen natürlichen Instinkt-
kräften ausgerüstetes Nichtanderskönnen, während das Bewusstsein sich stets
in einem vermeintlichen Anderskönnen verfängt. Der Drang und Zwang zur
Selbstverwirklichung ist Naturgesetzlichkeit und daher von unüberwindlicher
Kraft, auch wenn der Beginn ihrer Wirkung zunächst unansehnlich und un-
wahrscheinlich ist.

C. G. Jung, GW 9/I § 289

Wenn Jung hier von „Selbstverwirklichung" spricht, meint er selbstredend keine rücksichtslose Durchsetzung von egofixierten Wunschvor-
stellung, sondern eben die Erfüllung des von der inneren Berufung her
geleiteten *„telos"*. Er zeigt dann Variationen des Kindarchetypus auf, über
kindliche Wundertaten bis zur „Knechtsgestalt". Dazu gehört auch Herakles, der schon in der Wiege zwei Schlangen erwürgte, die ihn töten
sollten und später als Knecht des Augias dessen Stall ausmistete. Christus wurde in den Katakomben bisweilen noch als Herakles dargestellt.
Diese „Knechtsgestalt" leitet dann über zur eigentlichen Epiphanie: In der
Alchemie erscheint sie im *„lapis"*, dem „Stein des Weisen", aber auch in
der Würde des *„filius sapientiae"* (Sohn der Weisheit) oder auch *„Licht über*
allen Lichtern", *„eine Macht, die alle Kräfte des Oberen und des Unteren in*
sich enthält." (ebd)

„Kosmisches Symbol des Selbst", *„Licht über allen Lichtern"* – eine andere
Dimension in höchster Steigerungsform – dahin zeigen die Knirpse bei
Meister von Messkirch, Cranach und vielen anderen.

Ein Licht, das im Kind zugleich *konstruktives Symbol der Vereinigung von*
Gegensätzen (Jung) geworden ist. Das niemals zurückweist, sondern voraus.

Da ist es wieder: Bei diesem Licht, das mir meine Zeichen zublinkt,
komme ich wieder heraus.

Das Licht als archetypische „Lebensmacht" der Heilung und Ganz-
werdung, als Ahnung eines wesenhaften Glanzes jenseits der Erreichbar-
keit durch unser angestrengtes Bewusstseins. Als Anfangs- und Endwesens
unseres Daseins, das sozusagen in „kindhaftem" Zustand schon in uns lebt
und der Zukunft zuführen will wie Platons Daimon, wie der unbewusste
Genius oder Engel oder Meister Eckharts „göttliches Fünklein", Abglanz

des „Lichts von unerschaffenen Lichte", wie es in einem meiner Lieblings-
lieder, „Morgenglanz der Ewigkeit" von Christian Knorr von Rosenroth
(1636-1689) heißt. Er war Kabbalist, und das Licht, von dem die Rede
ist das schöpferische Ur-Licht, des „Ain Soph", uns unsichtbar, aber seine
Abglänze können wir doch hin und wieder gewahr werden: In der Schönheit der Welt, der „Herrlichkeit" der Schöpfung, wie sie in Psalm 104
gepriesen wird, wo es von Gott heißt: „Licht ist sein Kleid" und in allen
Freuden der Liebe, die uns entflammt: Als Kindgötter sind Amor und Eros
die Begleiter der antiken Liebesgöttinnen.

Und wenn Johannes der Evangelist den Heilbringer sagen lässt „Ich
bin das Licht der Welt" (Joh 9,5), so lässt er das einen sagen, der von der
Begegnung mit der letzten Wirklichkeit bereits eine unmittelbare Erfahrung hat, die wir „Normalmenschen" noch nicht haben, nach der uns aber
unser inneres „Gotteskind" treibt, indem es uns immer wieder einen Blick
auf die Möglichkeit des noch Unverwirklichten erhaschen lässt. Aber die
treibende Kraft dahinter – ist sie etwas anderes, als diejenige, welche durch
die Knirpse Amor oder Eros symbolisiert wird, die Liebe, gar das dem
Bewusstsein verborgene Christus-Kind in uns?

Was für ein Glück, dass es Inspirierte gibt, welche die Mythen von
Amor und Eros am Leben halten oder Legenden erfinden wie die vom Riesen Offerus und dem „Kind", das ihm eine Ahnung der Macht vermittelt,
die in dieser geahnten, allesumfassenden Wirklichkeit liegt!

Was für ein Glück, dass Künstler sich immer wieder neu inspiriert fühlten, dieses fundamentale Geschehen ins Bild zu setzen! In Bilder wie das
von Lucas Cranach (Abb. 7) etwa, wo der Kontrast zwischen der (scheinbaren) Babyhaftigkeit und dem Riesen-Mannsbild gar nicht größer sein
könnte und uns somit mit der Nase auf das nur mittelbar sagbare Mysterium der allumfassenden Licht- und Liebe-Wirklichkeit stößt: Auf das
Geheimnis der Vereinigung der Gegensätze, die im Moment der unmittelbaren Erkenntnis des Seinsgrundes stattfindet. Des Seinsgrundes, dargestellt im Figürchen des Christus-Kindes als der Inkarnierung anmah-
nenden kosmischen Weisheit, die immer war und immer sein wird, wie
Jesus Sirach (ca 100 v. Chr.) die ewig anfängliche Weisheit, die den Menschen liebt, sagen lässt: „Von Anfang der Welt bin ich geschaffen und werde
bleiben ewiglich" (Sir 23,14).

In der Schöpfung offenbart sich ihr ewiges Spiel immer aufs Neue, mit kindlicher Sponaneität und Liebe. Jedem einzelnen Menschenwesen gibt sie sich mit als Seelenführerin, Genius oder Genia, die ihn seine Bestimmung erkennen lassen will. Nicht nur in der ganz großen, erleuchtenden Erkenntnis in der *unio mystica*, in der sinnenberaubenden Vereinigung mit Gott, von der die Mystikerinnen des 14. Jahrhunderts singen. Vielmehr ist jedem von uns schon ein Freuden- und Lichtmoment geschenkt in einem „lichten Augenblick", einem neuen Gedanken, einer Erkenntnis „darüberhinaus" (gr. *meta*). Oder einfach wenn er ein blühendes Gras sich im Wind bewegen sieht, eine Biene in einen Blütenkelch eintauchen, und er gewahr wird, dass alles mit allem verbunden ist. Vielleicht eröffnet sich ihm plötzlich eine neue, bisher unbeachtete Möglichkeit in Bezug auf sein Dasein in diesem großen Ganzen, seinen Sinn, vielleicht „nur" in einer kindlichen Freude, die seine Seele weitet und empfänglich macht für Neues.

Denn das Kind ist sowohl Aufblühen oder Frucht des Neuen, als auch das Symbol des Seelenführers von Entwicklungsstufe zu Entwicklungsstufe, immer neue Entwicklungsmöglichkeiten anstoßend, Impulse neuen Lebens, ein *„aus sich rollendes Rad, eine erste Bewegung, ein heiliges Ja-Sagen"* (Nietzsche, 1. Rede des Zarathustra, *Von den drei Verwandlungen*).

Und, weniger hochtrabend, eben immer wieder auch Angelus Silesius:

> *In jedem lebt ein Bild des, was er werden soll.*
> *Solang er das nicht hat, ist nicht sein Friede voll.*

Plötzlich bleibe ich hängen an dem „*In*" am Anfang.

Warum lassen so viele Christophorus-Bilder das Kind *nach oben* zeigen, zum „Himmel", wo nach altem mythologischen Muster das Göttliche thront, weit entrückt von dem, was es doch geschaffen hat und durchwebt? Weit entfernt von unserem Inneren, dem es doch „einwohnt" und aus dem es Gestalt werden will?

Ein anderes, bekanntes Angelus Silesius-Epigramm fällt mir ein:

> *Halt an, wo laufst du hin, der Himmel ist in dir!*
> *Suchst du Gott anderswo, du fehlst ihn für und für.* (1,82)

„Gott" in mir, und nicht nur *in mir!* Jeder von uns, jedes Ereignis, jede Erscheinung ist Gotteserscheinung, ist eine ganz bestimmte Aktualisierung des Göttlichen. Darum haben wir Grund genug, „in" uns zu forschen, was es auf sich hat mit unserem Sein in dieser Welt. Zugegebenermaßen fällt das leichter, wenn es uns gelungen ist, uns auch als Teil einer größeren, ihn übersteigenden Wirklichkeit zu sehen. Und zweifellos kann man diese auch „Gott" nennen. Auch „Christus"? Noch bin ich nicht so weit.

Aber mir fällt auf: In unseren Religionen dreht sich fast alles um Diskussionen „über" „Gott", seit 2000 Jahren mit wechselnden dogmatischen Übereinkünften, mit „Gottesbeweisen" und riesigem Aufwand an theologischen Artistenleistungen. Macht man nicht so das Göttliche zu einem *Objekt,* „über" das man reden kann als sei es eine Gegen-Stand, dem menschlichen Denken unterworfen? Oder rückt ihn wieder ins Diffuse, weit Entfernte, redet von „Gottes Handeln an uns" und legt ihm Attribute zu, Eigenschaften, die der Erfahrung der Menschenwelt entstammen?

Und überspielen diese Großdiskussionen etwa die elementare Frage nach dem, was der *Mensch ist* und *soll* in dieser Welt? Verbohren sich in die „großen Fragen", wie der „liebe Gott" das Unrecht „zulassen" kann („Theodizee"), oder in Hypothesen über „Prädestination", „Erlösung", „Eschatologie", „Rechtfertigung" usw., Fragen, die nur zu endlosen theologischen Rechthabereien führen und dem Einzelnen kein Licht in seine kleinen Zuständigkeiten bringen? Kein Licht in „Kinderfragen", die solche babylonischen Gedankentürme als Phantome entlarven könnten, Fragen, die man sich aber gar nicht zu stellen traut? Zum Beispiel die, wer, was und wo „Christus" ist?

Mitten in diese umtreibenden Gedanken platzt ein „Un-Fall": Ich sagte schon, welche Rolle ich selbst den „zu-fälligsten" Zeichen einräume, und jetzt kommt mir eines zu, das mir zu denken gibt:

Da, wo ich schreibe geht es recht eng zu, und als ich hinter dem Schreibtisch ein Buch von einem Stuhl wegnehmen wollte, stürzte mein Plastik-Christophorus ab. Dabei brach das himmelwärts gereckte Unterärmchen des Kindes ab und nach dem ersten Schreck erkannte ich: Die ganze Figur bekam dadurch einen völlig anderen Charakter. Die Bruchstelle ist nämlich fast nicht zu sehen, und nun hat man den Eindruck, das Kind habe sein Ärmchen dem Christophoros tröstend ums Haupt gelegt – das nicht mehr sichtbare, aber imaginierbare Unterärmchen hält ihn.

Keine Herrschergeste mehr, kein anspruchsvolles Ansinnen, den Schöpfer als „Himmlischen" wahrzunehmen. Genügt es nicht, wenn Christophorus sich erfährt als Menschen, mittragend an der Welt und das, was er tut, als sinnvoll in Bezug auf ein größeres Ganzes, ungetrennt durch Zweifel oder großartige, hochgespannte Erwartungen? Einfach in der stillen Freude, auf dem richtigen Weg zu sein, angeschlossen an ein Höheres, ihn Übersteigendes, was ihm durch das Kind in diesem „Passage-Ritus", dieser besondere Flussüberquerung ja noch einmal deutlich gesagt wird.

Und was könnte das für uns bedeuten?

Es könnte bedeuten, dass wir gerade in misslichen, ja gefährlichen, womöglich lebensgefährlichen Grenz-Situationen spüren könnten (wenn wir genau hinhören), dass da etwas Regie führt, eine unscheinbare, uns vielleicht sogar schwächende und dennoch zwingende Macht, die uns (oder einem geahnte Inbild) irgendwie „ent-spricht". Es bleibt jedem selbst überlassen, wie er diesen Impulsgeber nennen mag: Daimon, Genius, der *„den letzten Entscheid"* trifft, Herzbild, göttliches Kind, höheres Selbst, göttlicher Funke, *„spiritus sacer"*, heiliger Geist von dem die Stoiker sprachen: Jedenfalls erfahren wir es als eine zu uns gehörende und zu unserem „Eigentlichen" führende Weisheit. Licht-Blicke mögen in solchen Momenten in weite Ferne gerückt scheinen. Aber im Rückblick, im „Zusammendenken" des Ganzen sehen wir dann, dass der von dieser inneren „Signatur" initiierte Durchgang durch eine schwierige Situation uns eine andere Einstellung zu Welt und Leben, vielleicht zu „Gott" vermittelt hat.

Ein „Mittler" also. Als Christen sehen wir den in Jesus.

Aber wer war Jesus?

Teil III

Durch die gesamten kritischen Analysen der Überlieferung wird vorbereitet,
dass der Wissende am Ende in den Dokumenten
***durch diese hindurch sehen** soll.*
Man lässt an den Quellen in sich das Bild erwachen.
Dem Unbefangenen muss es immer wieder erscheinen.
Er kann sich unmittelbar von dieser Wirklichkeit ansprechen lassen,
auch wenn sie verschleiert ist von Unzugehörigem.

Karl Jaspers, Die großen Philosophen, S. 245,
Hervorhebungen B. R.

Wer war Jesus?

Jesus. „Jesus Christus". „Der Herr". Was fangen wir damit an?

Jaspers gibt uns das Stichwort: Wir müssen „durch die Dokumente *hin-durchsehen*", das *Eigentliche* des Bildes in uns erwachen lassen.

Pierre Teilhard de Chardin schrieb einmal in einem Brief an die von ihm hochgeschätzte Leontine Zanta in Paris, „*dass er* [„der Herr"] *etwas ganz anderes ist (idem sed ultra), als was man uns sagt.*" (S. 41) Und ein andermal: man soll „Christus" „*nicht fesseln an Formen, die vergehen*" (S. 47 – worin ihm Tagore hundertprozentig Recht geben würde). „*Idem sed ultra*": derselbe (*idem*), mit sich selbst identisch, aber darüberhinaus (*ultra*), etwas über sich hinaus – auf jeden Fall „*etwas anderes ..., als was man uns sagt.*"

Christophorus hat das erlebt – in der Situation selbst, und in dem Wunderzeichen, in dem sich ihm „der Herr" hinterlassen hat: In einem grünenden Baum, in den sich sein Stab verwandelt hatte.

Aus dem toten Holz war frisches, grünendes Leben aufgegangen! Ein starkes Symbol, was „der Herr" vermag, ein starkes Symbol auch dafür, dass er sich auch in der *Natur* offenbart: Was immer da wächst, grünt, blüht, Früchte trägt: Der Baum, der Himmel und Erde in dynamischem Leben vereint, trägt seine Signatur – und die der uranfänglichen Weisheit, deren Repräsentant er ist. Denn es ist ein *Palmbaum*, der da über Nacht grünt und Früchte trägt, eine Sykomore. In Ägypten schon war sie Symbol der nährenden Göttin Hathor, und auch bei Jesus Sirach im Alten Testament offenbart sich die kosmische, Welt und Mensch liebende Weisheit ausdrücklich im Palmbaum, wenn sie von sich sagt: *„Wie eine Palme zu Enggedi wuchs ich empor"*... *„Kommt her zu mir alle, die ihr nach mir verlangt, sättigt euch an meinen Früchten!"* (Sir 24, 14-19)

Wer hörte da nicht schon den Ruf Jesu durch: *„Kommt her zu mir alle, die ihr mühselig und beladen seid, ich will euch erquicken!"* (Matth 11, 28)?

Der Baum – bei diesem großen Symbol könnte man lange verweilen, denn er vereint, wie „Christus/Sophia" archetypisch männlich und weibliche Kräfte in sich. In ihm wohnt der *„spiritus vegetativus"*, der Lebensgeist, den die Alten in Mercurius, dem Naturlicht und Geistlicht Vereinenden sahen, dem Vermittler zwischen Himmel, Erde und Unterwelt, oft mit Christus ineins gesetzt: Nach Origines ist Christus als Baum zugleich die Himmelsleiter, auf der die gestaltbildenden spirituellen Kräfte (wie Engel) hinauf und hinabsteigen.

Wieder einmal überschlagen sich die Assoziationen, und die Glitzersteinchen meines Kaleidoskops kommen in vorwitziges Trudeln, lassen auch dies aufleuchten: Im Griechischen ist das, was die Bibel mit „der Herr" übersetzt *„kyrios"* – von der Wortgeschichte her „die Kraft" (Pokorny). Hebräisch wurde Jesus wiederum angeredet mit *„Adonai"* – wem fiele da nicht der Mythos von *Adonis* ein, dem Jünglingsgeliebten der Aphrodite, der bei der Jagd umkam, aber auf Bitten der Aphrodite sechs Monate des Jahres auf der Erde leben durfte? Ihm war ein eigener Kult gewidmet, jedes Frühjahr erstand auch er mit der neuerstehenden Natur: Ein Auferstehungsgott also, und nicht der einzige, von dem dieser Kulturraum erzählt. Auch Tammuz und Osiris gehören dazu, alle müssen sie einen „Abstieg zur Hölle", die Unterwelt passieren, bevor sie wieder auferstehen können. Der Brauch der „Adonisgärtchen" ist bis heute lebendig: Im Vorfrühling eingesenkte Samen, die im Frühling zur Blüte kommen ...

Sehe ich richtig? Ist „der Herr" tatsächlich längst nicht nur das, was das Christentum uns sagt, sondern etwas weit darüber hinaus, unter anderem auch verwurzelt in einer Ahnenreihe altehrwürdiger Mythen? Aber davon will heute kein Pfarrer, kein Kirchenchrist etwas hören – zumindest kein evangelischer.

Warum eigentlich nicht?

Warum haben sie eine solche Heidenangst vor „heidnischen" Gebräuchen? Warum solche Angst, man könnte „ihrem" Herrn Jesus durch solche Hinweise etwas anhaben? Sodass schließlich herauskäme, dass das, was sie ihr ChristenTUM nennen, doch nicht als Solitär vom Himmel gefallen ist, sondern in mancher Hinsicht durchaus Spuren von religiösen Anschauungen trägt aus dem Umfeld, in denen ihr Herr Jesus herumgewandert ist?

Haben sie Angst, „die Christen", dass ihr Glaube an die exklusive, alleinseligmachende Wahrheit ihrer Religionsgemeinschaft erschüttert werden könnte, womöglich sogar in ihnen selber?

Warum können wir nicht, wie Karl Jaspers vorschlägt, *durch die Dokumente hindurchsehen* und auf die Zugehörigkeit zu einer tiefwurzelnden, ursprünglichen Wirklichkeit *aller* Bilder vertrauen, die von unserer innersten Quelle her aufsteigen?

Damit sind wir aber auch an einem wesentlichen Punkt, einer ersten Grenze, an der es auch keinen Zweifel zu geben kann an der *Neuheit* des Jesusglaubens:

Waren die „Adonisse" der vorchristlichen Zeit noch überpersönliche Mythengestalten, deren Schicksal zyklisch gefeiert wurde, so ist Jesus ein realer, geschichtlich nachweisbarer Mensch – und damit *Protagonist eines neuen Mythos vom Menschen*: Und das heißt, von *jedem* Menschen, *persönlich* gemeint als Gottessohn. Dieses Wissen war zwar auch schon in den alten Mysterientraditionen vorhanden, aber doch eher auserwählten Einzelnen vorbehalten und wurde als „geheimer" Einweihungsvorgang zelebriert: Nun aber wird dieses Wissen durch die historische Persönlichkeit Jesus und dessen Weg und Wirken als Möglichkeit *allen* Menschen zugänglich.

Die zweite Grenze: Im Unterschied zu den Mysterienreligionen jener Zeit, in denen Tod und Auferstehung der Götterjünglinge als allgemeine Erneuerungsriten der Natur gefeiert wurden, kann die Ermordung des Wanderpredigers Jesus von Nazareth als ganz bestimmtes geschichtliches Ereignis zu einem bestimmbaren Zeitpunkt bestätigt werden. Auch das bedeutet einen riesigen Unterschied zu den antiken Kulten – ebenso wie die schlichte Tatsache, dass schließlich keiner der antiken Götterjünglinge umhergewandert wäre, um den Leuten revolutionäre religiöse Ansichten zu verkünden, dabei eine Schar von Anhängern um sich zu versammeln und sich mit den Ärmsten der Armen, mit zweifelhaften gesellschaftlichen Randexistenzen einzulassen, Dirnen, Kranken, Ausgestoßenen, unzuverlässigem Volk.

All das aber hatte ein Mensch namens Jesus getan, der schließlich als Aufrührer schmählich und jammervoll menschlich leidend von der Obrigkeit hingerichtet worden war. Wobei übrigens offen ist, wieviel anderen menschlichen Verkündern neuer göttlicher Botschaften ähnliches geschehen ist – die römischen Besatzer waren in dieser Hinsicht nicht zimperlich und pflegten missliebige sogenannte Aufständische in langen Reihen entlang der Straßen als abschreckende Beispiele gekreuzigt aufzuhängen: Zweitausend sollen es einmal nach einem Aufstand gewesen sein.

Trotzdem bleibt festzuhalten:

Dieser Jesus von Nazareth erlitt nicht das rituelle Schicksal einer Mysteriengottheit, sondern war ein realer Mensch, der gemäß menschenerdachten Gesetzen umgebracht wurde, weil gewissen realen Leuten seine Lehren und sein Auftreten gründlich missfiel.

Soweit also bestünde doch keinerlei Grund, Verwechslungen mit antiken oder orientalischen Adonissen zu fürchten. Vorausgesetzt, man wüßte klar zu unterscheiden – und daran scheint es manchen christenfrommen Zeitgenossen zu fehlen.

Für sie wäre vielleicht interessant, dass einer, der es wissen musste, weil er selber vor seiner Wende zum Christentum in diverse Geheimkulte eingeweiht war (was damals für seine Schicht üblich war), gänzlich frei war von dieser Sorge: Aurelius Augustinus (354-430). Ihm wird zugeschrieben, dass er gesagt habe:

„Was man gegenwärtig die christliche Religion nennt, bestand schon bei den Alten und fehlte nicht in den Anfängen des Menschengeschlechts, bis Christus im Fleische erschien, von wo an die wahre Religion, die vorher schon vorhanden war, den Namen des christlichen erhielt" (Zit. n. Steiner, Christentum als mystische Tatsache S. 12)

Als gelernter Jurist war Augustinus geübt in klaren Unterscheidungen. Er sah, dass mit Jesus ein neuer Mythos in die Welt gekommen war, gerade *weil* er kein überpersönlicher Götterjüngling war, sondern ein realer Mensch „im Fleische". Eine historisch glaubhafte Persönlichkeit, die erkannt hatte, was Wesen und Herkunft des Menschen ausmacht, einer der danach lebte und intensiv versuchte, zu *zeigen*, zu erklären und damit den Gottesgeist als *Christusbewusstsein in die Welt hinein* zu bringen.

Meine „Geheimgesellschaft", zu der bekanntlich auch Maria und Buddha gehören, hat mit dieser Unterscheidung genausowenig Schwierigkeiten. Wenngleich zum Mythos geworden, ist für sie der Mensch Jesus so real wie der schon erwähnte Herr Gotama ein halbes Jahrtausend zuvor. Auch dieser hatte einen neuen Mythos begründet – allerdings es dann vorgezogen, sich in den Allgeist aufzulösen anstatt den entscheidenden grauenvollen Weg menschlichen Todes zu gehen. Und vor allem ohne das phantastische Erzählmoment einer dramatischen Auferstehung nach drei Tagen aus dem Grabe.

An dieser Erzählung aber scheiden sich nun auch die unterscheidungsfähigen Geister deutlich. Und haben es wohl schon zu der Zeit getan, als die Anhänger des neuen Glaubenswegs (gr. *odos*, „Weg" genannt) diesen dramatischen Effekt als historische Wahrheit in das Narrativ verwoben, mit dem sie der neuen religiösen Bewegung das nötige Unterfutter geben wollten. Obwohl (oder gerade „weil"?) auch zu den Geschichten römischer Kaiser Auferstehungen und himmlische Entrückungen gehörten, ist dies die Stelle, an der das Wort „Geschichte" seine mögliche Mehrdeutigkeit zeigt: Einmal kann es „historische Korrektheit" bedeuten, zum anderen – vor allem in einer orientalischen Region, die bis heute berühmt ist für ihre Kunst des „Geschichtenerzählens" – eine Legende, vielleicht durchaus berechtigt in ihrer bedeutungsträchtigen pädagogisch-didaktischen Absicht.

Christophorus, selbst in dieser Hinsicht zwielichtig, hat das kein Kopfzerbrechen gemacht.

Uns Heutigen schon, und nicht erst seit heute, wie die lange Liste der „Entmythologisierer" zeigt, die *mindestens* bis zur Mitte des 18. Jahrhunderts zurückreicht, wie Albert Schweitzer in seiner „Geschichte der Leben-Jesu-Forschung" schon Anfang des 20. Jahrhunderts vorgeführt hat. Kluge und kritische Theologen und Philosophen sehen sich um ihrer eigenen Integrität willen immer wieder genötigt, sich mit diesen Fragen zu befassen.

Wenn ich mir allerdings Sonntagspredigten in Gemeindeblättern und andere pastorale Abhandlungen anschaue, bin ich nach wie vor wieder verwirrt von dem, was da als „Heilsgewissheit" zwischen „Jesus", „Christus", „Jesuschristus" und dem „Herrn" durcheinander geht. Von „Jesus-liebt-dich" Autoaufklebern einmal abgesehen.

In der Nacht, nachdem ich wieder einmal angefangen habe, dieses Thema für mich zu sortieren, hatte ich einen unangenehmen Traum:

Ich hatte teure Theaterkarten gekauft für ein Stück, das ich schon einmal gesehen hatte, aber noch einmal anschauen wollte, weil beim zweiten Mal der Blick freier für Feinheiten ist: Es war mir also sehr wichtig, und ich wollte es auch meinem Sohn zeigen. Aber der kam nur schnell ins Theaterfoyer, um zu sagen, er müsse nun doch unterrichten (er ist Pianist und Komponist). Und ich erfuhr, dass die Aufführung diesmal gar nicht hier, am konventionellen Ort stattfand, sondern an einer dieser modisch-alternativen Spielstätten (Geschäftszentrum? Firmenzentrale?) in einem Stadtviertel, das „kulturbelebt" werden sollte. Ich war inzwischen knapp dran, und als ich mich ins Auto setzte, um dorthin zu fahren, hatte ich plötzlich vergessen, welches der Zündschlüssel war und wie Autofahren funktioniert (nach 50 Jahren Fahrpraxis ...). Trotzdem fuhr ich („es") dann irgendwie los, landete aber in einem grünen Bürgerviertel. Zwei ältere, gutgekleidete Spaziergänger waren über meine Frage nach dem Weg indigniert, erklärten etwas, was einfach, aber vage klang, und mich nur durch verschlungene elitäre Wohnstraßen führte. Die Vorstellung hatte inzwischen längst angefangen, ich war ratlos und verzweifelt und sicher, dass ich das Stück verpassen würde: Das viele Geld, den ganzen Aufwand in den Sand gesetzt ...

Schwer umdüstert wachte ich auf. So eine konfuse und unerfreuliche „Geschichte" hatte ich lange nicht geträumt. Aber ich bin gewohnt, die Hinweise meiner Träume ernst zu nehmen, da sie oft ins Bild setzen, was das Wachbewusstsein so nicht gern wahrhaben will.

Also machte ich mich ans Assoziieren, Ordnen und Deuten.

Zunächst einmal schien der Traum mehrere „Zentren" zu haben: Ein Theaterstück, das mir so wichtig war, dass ich a) es meinem Sohn zeigen wollte, b) teure Karten nehmen – was ich sonst nie tue.

Bezog sich das Theaterstück auf die „Jesusgeschichte"? Mein Sohn steht mit der Kirche auf Kriegsfuß, besonders der protestantische Kreuz- und Leidenskult ist ihm zuwider. Dagegen hat er schon mehrere eindrucksvolle Kompositionen zu apokryphen Texten oder Meister Eckhart-Zitaten geschrieben, die in großen Kirchen aufgeführt worden waren. Aber nun war ihm die konkrete menschliche Beziehung, das Unterrichten, wichtiger.

Nächster Punkt: Der Spielort ist nicht dort, wo er konventionellerweise ist.

Besonders schlimm empfunden: Blackout im Autofahren. „Auto" als Synonym für mein Ich oder gar „Selbst" (gr. *autó* = selbst). Und dass ich den *Schlüssel* nicht erkenne, der mich weiterbringen soll! Immerhin funktioniert ein gewisser Automatismus dennoch.

Aber er bringt mich nicht weiter: Völliger Orientierungsverlust. Falsches Viertel, „selbstzufriedenes" Bürgertum. Dort, im „besseren" Wohnviertel, irre ich herum und finde nicht heraus.

Allmählich geht mir ein Licht auf: Es wohnt dort dieselbe Bürgerschicht, der mein Mann und ich bei unseren inzwischen zahllosen Annäherungs und Verstehensversuchen im konkreten Umfeld der sogenannten „Citykirchen" begegnen, in immer zielgerichteten, sehr klugen bibelexegetischen Veranstaltungen. Nur kommt es uns mit der Zeit so vor, als wisse der leitende Pfarrer eigentlich schon im vorhinein recht genau, wohin er steuern will: Viel kenntnisreicher, intelligenter Kommentar zum historischen und textkritischen Feld – und zuletzt, fein ziseliert, aber unverkennbar dann die bekannten Besitztümer des „liberalen" Protestantismus mit den bekannten Phrasen von „Gottes Handeln" durch „seinen Sohn", von dem nie so richtig klar wird, ob er nun als „Jesus, der Mensch" gemeint ist, oder als „Christus, der (für unsere Sünden) Gekreuzigte und Auferstandene" – jeder Versuch, da tiefer einzusteigen wird wohlwollend aufgenommen, aber mit Hinweis auf zu knappe Zeit fallen gelassen ...

Viele Jahre haben wir uns bemüht, kritische Fragen gestellt – aber der Herr Pfarrer weiß, was er seiner Gemeinde schuldig ist und was sie hören will, unbequeme Fragen dürfen gern gestellt werden, sie werden sogar als anregend und bereichernd gelobt – aber zuletzt siegt doch etwas, was ich zunehmend als den mir bereits bekannten „religiösen Materialismus" empfand, garniert mit Arabesken aus Philosophie, Dichtung, Kunst: Bildungsbürgerlich zubereitet, mit Hinweisen auf „moderne" Übertragungsversuche auf andere „Spielstätten". (Neuerdings ist es ja tatsächlich Mode geworden, Gottesdienste in Gaststätten oder Fabrikhallen abzuhalten – alter, abgestandener Wein in neuen Schläuchen.) Aber mein Traum signalisiert mir trotz meiner Frustration, dass ich nichts versäume, wenn ich die neue Spielstätte für das immerselbe Stück nicht finde ... Wie recht hatte mein Sohn (im Traum vielleicht Symbol meines zukunftsorientierten Selbst?), nicht mitzugehen!

Bleiben noch die teuren Theaterkarten, doch auch das wird mir zunehmend klar:

Mein Gott, wieviel *Energie* (Traumsymbol: Geld) habe ich schon hineingesteckt in den Versuch, mir dieses selbstreferentielle Wiederkäuen *durchsichtig zu machen* (Jaspers, s. o.), diese immerzu in sich kreisenden Formeln abzutasten nach einer wirklich zündenden, nachvollziehbaren Botschaft! Nur um immer orientierungsloser zu werden ob diesem Automatismus (mein „selbstfahrendes" Auto), der von dieser Art ChristenTUM, Bibelauslegung und Kleben an Sprüchen und „Herrschaftswissen" ausgeht!

Und je länger ich an der Dechiffrierung meines verstörenden Traums dranbleibe, desto deutlicher wird mir nun auch seine positive Botschaft: *So wie bisher komme ich in meiner Suche nach dem Symbolkern der christlichen Bilder nicht weiter!*

Und plötzlich kommt mir die „Ketzerschrift" des jungen Friedrich Daniel Schleiermacher in den Sinn, die er 1799 mit 28 Jahren verfasst hat, betitelt mit *„Über die Religion. An die Gebildeten unter ihren Verächtern".*

Sein Büchlein, das mich immer wieder erfrischt, liegt in Reichweite. Ich nehme es her und finde nach kurzem Blättern die Stelle, die ich gesucht habe, rot markiert auf S. 68:

Jede heilige Schrift ist nur ein Mausoleum der Religion, ein Denkmal, dass ein großer Geist da war, der nicht mehr da ist ...
Nicht der hat Religion, der an eine heilige Schrift glaubt, sondern der, welcher keiner bedarf, und wohl selbst eine machen könnte ...
Werdet Euch doch, ich beschwöre Euch, des Rufs Eurer innersten Natur bewusst und folgt ihm!

Ich hebe meinen Blick und schaue auf meine Christophorusse: Erst den aus meiner „Geheimgesellschaft", dann den des Meister von Messkirch.

Unsere Augen treffen sich. Dem *„Ruf der innersten Natur"* folgen – daran führt nichts vorbei, das ist das einzig Mögliche.

Ich muss sehen, welchen Weg, welches Bild „des Herrn" und seiner Geschichte das göttliche Kind *mir* zeigt: Mein spontaner innerster *„spiritus sacer"*, mein *„Genius"*, mein *„Selbst"!* Denn wie Paul Schwarzenau (rund 200 Jahre nach Schleiermacher) über das göttliche Kind schreibt, redet das „Selbst", das es repräsentiert, *„nicht nach unseren Büchern, sondern stellt einen spontanen und autonomen Erkenntnisdurchbruch aus der Tiefe dar* (S. 133). Jedenfalls müssen wir, um mit Karl Jaspers zu reden, uns mehr zutrauen, *unbefangen durch die Dokumente hindurch zusehen!*

Held eines neuen Bewusstseins

Ich meinerseits stehe immer wieder rätselnd vor der Frage: Wie kann es sein, dass so viele kluge Leute sich unentwegt in tödliche Entweder-Oder Dispute verstricken über Faktizität oder Nicht-Faktizität der Jesus-Geschichte?

Sehen sie nicht, dass, was auch immer uns die Evangelien über Jesus erzählen, der *Glaubenshaltung ihrer Verfasser* entstammt? Ihrem dringenden Wunsch, das Neue, Außerordentliche ihrer religiösen Erfahrung ins rechte Licht zu setzen?

Das bedeutet ja keineswegs, dass gar nichts von dem Erzählten realen Geschehnissen entsprechen würde. Aber es bedeutet auch nicht, dass nicht ein gut Teil wunderbarer orientalischer Geschichten-Erzähltradition mitschwingt. Und schon gar nicht, dass nicht althergebrachte „klassische" Mytheme mitverwendet sind, um eine eindrucksvolle Heldengeschichte aufzubauen. Nicht einmal der Wunsch, ein systemkritisches religionspolitisches Programm in Szene zu setzen muss abgelehnt werden.

Warum sollte nicht von allem etwas dabei sein?

Tatsachenmitteilungen, die mit dem Anspruch aufzutreten scheinen, historische Tatsachen zu sein, symbolische *Gleichnisreden* nach altem jüdischen Brauch, die sich der Tatsachenmitteilungen bedienen, um tiefere Wahrheiten zu versinnbildlichen und *Lehren,* die als Gehalt der christlichen Weltsicht gemeint sein sollen?

Mit diesem Blick auf die Entstehung der Evangelien stehe ich nicht allein, auch wenn ich hier nun nicht alle Belege dafür aufzählen will.

Schließlich muss man sich doch die „Evangelisten" vorstellen als vom Glauben an den „neuen Weg" (*„odos"*) Ergriffene, die daran interessiert waren, eine Komposition und Dramaturgie ihrer Glaubensgrundlagen zu entwerfen, die auch andere emotional, geistig, anschaulich-sinnlich und moralisch ergreifen konnte! Die zugleich auf vertraute Erzähl- und Gleichnisformen, und alte Weisheitslehren und Hymnen zurückgriff, aber auch das Neue zu vermitteln wusste – und zugleich genügend Elemente des „Rätselhaften" andeutete, um zu faszinieren!

Und zur letzteren Intention gehören zwangsläufig auch einige tief im Unbewussten verwurzelten universale mythische Motive, wie man sie auch in Sagen oder Volksmärchen findet.

Nur einige besonders deutliche seien genannt: Das „göttliche Kind", Geburt im Verborgenen, bedrohte Kindheit, Prüfungen durch „das Böse", Initiation und Auftrag, Verfolgung und Tod, Abstieg in die Unterwelt, Auferstehung/Wiedergeburt, Entrückung, Erscheinung den Eingeweihten – dies alles gehört zu den „klassischen" Geheimnissen eines echten Heldenmythos, mit dem die *Bedeutung* des Geschehens aufgeladen und beglaubigt werden muss, damit die neu entstandene Gemeinschaft sich ihrer Bedeutung und Berechtigung vergewissern kann.

Früher waren es die Sänger und Rhetoren, die bei festlichen Anlässen die großen Balladen von Leben, Wirken, Sterben und Wiedergeburt des Helden/der Heldin in einprägsamer Rhetorik und Bildhaftigkeit mündlich vortrugen und weitergaben. In den Schriftkulturen wurden es dann die Schriftgelehrten, die Theologen und mehr oder weniger charismatischen Hüter des Kultes, die diese Aufgabe übernahmen: Im Christentum die Prediger, Prädikanten, Lektoren, welche die Überlieferungen im Gottesdienst zelebrieren.

Von jeher stand dabei eine Botschaft im Zentrum, die erbauen und belehren soll, indem sie von einem irgendwie „von oben", aus einer größeren Wirklichkeit gesandten Auserwählten erzählt, von den von ihm vermittelten Lehren und seinem Wirken oder von einem als direkten Eingriff empfundenen Einwirken einer höchsten Macht und allumfassenden Wirklichkeit, in den meisten verfassten Religionsgemeinschaften als „Gott" benannt.

Noch während ich schreibe, höre ich förmlich das Zähneknirschen der textkritischen protestantischen Hardliner: Jesus von Nazareth, seine Botschaft, seine Kreuzigung und Auferstehung als Christus ein Erlöser- und Heldenmythos wie andere auch?

Gemach. Das habe ich *so* nicht gesagt.

Mythen kleiden bedeutungsvolle Erfahrungen des Menschen in symbolische Bilder.

Ich bezweifle keineswegs die Existenz des „historischen" Menschen Jesus. Im Gegenteil: Sie ist von ungeheurer, einen neuen Mythos von der *Aufgabe des Menschen* prägenden Bedeutung. Gerade als charismatische und durchaus *menschliche* Person aber *„verschwindet Jesus unter dem Apparat der Gelehrten"* (Adolf Holl), wobei doch genau *diese Existenz als geschichtlicher Mensch* und *zugleich* „Gottessohn" die Größe, Neuheit und das Gewicht der Religion ausmachen, die sich nach seinem Tod formierte.

Und angesichts all der unfruchtbaren Entweder-Oder-Streitereien täte es vielleicht gut, sich immer wieder ins Bewusstsein zu rufen, dass *jede* religiöse (und politisch begründete!) Gemeinschaft eine möglichst real erscheinende, fundierende Geschichte braucht, die in Erinnerung gerufen werden kann, um das kollektive Gedächtnis in einer bestimmten Absicht zu stützen und zu lenken. Man muss sich auch bewusst sein, dass diese Geschichten, auch wo vom Hauch „historischer Wahrheit" umweht, immer und überall *Rekonstruktionen* sind. Die Vergangenheit wird also niemals als „reale Faktizität" verwahrt, sondern als *Bild,* das sich die Gemeinde davon machen soll. Insofern sind „mythische" Elemente, wirkmächtige Gleichnisse und Wundererzählungen und symbolische Überhöhungen unverzichtbar.

Also auch im Fall Jesus kein Entweder-Oder, sondern ein Sowohl-Als-auch. Selbstverständlich stellen die „Berichterstatter" (Evangelisten, Apostel) seine Person und die Transformation ihrer Verehrung in einen Christus-Kult in einen allgemeinen Rahmen, der unverkennbar alle Züge eines Heldenmythos trägt. Nur ist das *im Kern* eben nicht alles, und darin liegt die grundstürzende Neuigkeit dieser Religion gegenüber den antiken Heldenmythen.

Das jedenfalls behauptet unbeirrbar meine innere Stimme, die mich seit Jahren drängt, das für mich klar zu stellen.

Wohlgemerkt: Für *mich*. Was immer ich herauszufinden glaube gilt nur, um *mein* „Inbild" zufriedenzustellen, ich könnte auch sagen, stimmige Resonanz in meinem „Gewissen" zu finden, das auf griechisch „*syneidesis*" heißt, was so viel wie „Übereinstimmung der Bilder" heißt. Mein „Herzbild", Genius, Daimon wird erst zufrieden sein, wenn das Bild (*eidos*), zu dem er mich führen will, „*synchron*" ist, ein „Ebenbild" zu dem, was *ich* zu suchen gedrängt bin. Es besteht keinerlei Anspruch, dass jemand anderes dasselbe Bild haben sollte.

Schon darum nicht, weil die Art meiner Blickwechsel nicht jedermanns Sache sind, sondern nach wie vor kaleidoskopisch. Darum wird es jetzt auch – Vorsicht! – „psychologisch". Ganz einfach deshalb, weil ich ganz wie C. G. Jung davon überzeugt bin, dass es ein Urbedürfnis der menschlichen *Seele* ist, Glaubensbilder zu ent-werfen, die ihrem Drang nach Selbsterkenntnis und Reifung auf ein „Höheres" hin ent-sprechen. Jung hat geradezu von einer in der Seele beheimateten „religiösen Funktion" gesprochen, und ist deswegen von theologischer Seite harsch angegriffen worden, was ihn gewurmt hat:

Wenn ich aber nachweise, dass die Seele natürlicherweise eine religiöse Funktion besitzt, und wenn ich fordere, dass es die vornehmste Aufgabe aller Erziehung (des Erwachsenen) sei, jenen Archetypus des Gottesbildes respektive dessen Ausstrahlungen und Wirkungen ins Bewusstsein über- zuführen, so fällt mir eben gerade die Theologie in den Arm und über- führt mich des „Psychologismus". Wenn in der Seele nicht erfahrungsgemäß höchste Werte ... lägen, so würde mich die Psychologie nicht im geringsten interessieren, da die Seele dann nichts als ein armseliger Dunst wäre. Ich weiß aber aus hundertfacher Erfahrung, dass sie das nicht ist, sondern dass sie vielmehr die Entsprechung aller jener Dinge enthält, welche das Dogma formuliert hat." (C. G. Jung, GW 12, § 14)

Die Sehnsucht nach einem das innere Selbst übersteigende „Darüberhinaus", nach einem Gottesbild ist also in der Seele als primordiale Kraft zur Transzendenz schon angelegt. Das Gottesbild selber aber kann sich, wie alle Archetypen, in seiner Erscheinung verändern, wenn eine neue geistig-seelische Reifungsstufe ansteht. Und dasselbe gilt dann auch für den „Heldentypus" der als Erlöser ersehnt wird: Er muss mit der vorbewussten Intention übereinstimmen, welche dem in Bedrängnis geratenen Ich genügend bewusste Richtungskraft gibt, sich anzunehmen und in eine neue Entwicklungsstufe hineinzuwachsen über sich hinauszuwachsen. Und das Bedürfnis nach Heldensymbolen wiederum steigt immer dann an, *„wenn der bewusste Geist bei einer Aufgabe Hilfe benötigt, weil er sie nicht allein oder ohne Kraftquellen aus dem Unbewussten ... lösen kann,"* schreibt Joseph L. Henderson in „Der Mensch und seine Symbole" (S. 124).

Der „andere Held"

Ein neuer Held also wird gebraucht, ein Messias, aber kein Heros „klassischen" Formats, der durch gesteigerte Potenz und Größe imponiert, und dadurch die Kluft zwischen projizierter Phantasie und real erlebter Kleinheit und Schwäche nur noch schmerzlicher und unüberbrückbarer aufreißt, viel eher der Typus eines „Antihelden". Nur ein solcher konnte hervorrufen, was zur Ich-Stärkung gebraucht wurde, ein Gegentypus auch zu den vielen anderen Gestalten jener von Apokalypsen wuchernden Zeit, die sich als Gottessöhne und Mesiasse ausgaben. Und die mit ihrem Gehabe in den „Inbildern" einer bestimmten Gruppe Menschen die seelisch benötigte Resonanz eben *nicht* hervorrufen konnten, sei es auf Grund ihrer egofixierten Übersteigerung, sei es weil ihre Glanz- und Machtattitüden, dem zu ähnlich waren, was die römischen (Gott-) Kaiser und ihre Verwalter vorlebten. Ein Messias „von unten" war nötig, einer der den Entrechteten ihre Würde zurückgeben konnte, ein Gegenbild, das wagte, glaubhaft der Erfolgsorientierung der Ewigrichtigen Mitgefühl mit den Randexistenzen entgegenzusetzen

Denn die Wirklichkeit der meisten Galiläer war trostlos. Sie waren bitterarm, fühlten sich als Verlorene, Gescheiterte, Recht- und Schutzlose. Von Hoffnungen, die ihnen Glanz und Gloria in ihrer realen Welt versprachen, waren sie längst enttäuscht. Ihre „Herzbilder" bedurften einer einfühlsamen, sinngebenden Widerspiegelung und Hoffnung erweckenden Anerkennung ihrer Situation von außen. Das aber konnte nur ein Heldensymbol leisten, das aus ihrer armseligen Welt selber kam. Nur dann konnte es ihnen Hilfe und Unterstützung geben, die *eigene* dumpf gefühlte, aber verkannte und verschüttete Kraftquelle, ihren innewohnenden *„spiritus sacer" (heiligen Geist)* neu zu erschließen und damit zugleich ihr Ich, das Bewusstsein ihres Wertes und ihrer Würde als Mensch stärken und sie aus ihrer Verzagtheit und Gefühl der Minderwertigkeit herausreißen. Die Schriftgelehrten mit ihren strengen Massstäben und Forderungen hatten dabei versagt, sie fühlten sich als etwas Besseres und es fehlte ihnen an Empathie und einer Zuwendung, die keine Bedingungen stellt.

Und da kam nun dieser Jesus, einer der lebte wie einer der Ihren, nichts Schillerndes an sich hatte wie die anderen umherziehenden selbsternannten Mesiasse mit ihren aufgeblasenen Egos, sondern einer, der zugleich bescheiden und doch erfüllt von einer geheimnisvollen Autorität auftrat. Der keinerlei Berührung scheute auch mit den Unterprivilegiertesten, Ungebildetsten, mit den Gesetzesübertretern, den Ärmsten unter den Armen, den Kranken, ja sogar den Dirnen. Mit allen sprach er, und sprach so, dass man in seiner Nähe Trost und Würde wiederfand.

Zwar sprach auch er vom Weltende, das nahe sei, aber er machte niemand Angst davor, sprach im Gegenteil davon, dass gerade dann den Entrechteten und Not Leidenden Recht widerfahren würde, dass gerade die Armen, Geknechteten zu Freiheit und neuer Freude finden würden in dem neuen Gottesreich, das dann erscheinen würde. Ja er sprach sogar davon dass sie alle, auch die jetzt am tiefsten Gefallenen, von anderen Verachteten, Gottes Kinder seien und dass sie dessen sicher sein dürften. Nur darauf käme es an, denn jeder Einzelne sei von Anfang an und schon ein Gotteskind, „von Gottes Art" (Apg 17,29), „Gott" sei ihr Vater und lebe als göttliches Feuer in jedem von ihnen, und wer das erkenne und glaube und diese Liebe und Resonanz in sich spüre und weitergebe, würde im

Gottesreich, das nahe war, Sinn und Seligkeit finden, womöglich erkennen, dass dieses Gottesreich bereits jetzt im Verborgenen schon da sei. *Jetzt* und unmittelbar erfahrbar, denen die „reinen Herzens" waren, aber selbst denen, die das alles nicht so recht verstanden, den „geistig (oder geistlich) Armen", den Dummen also. So wie einst schon die himmlische Weisheit ausdrücklich diejenigen an ihren reich gedeckten Tisch eingeladen hatte, die *„aphron"*, ohne Verstand waren. Alle, ohne Ansehen der Person, hatte sie aufgefordert: *„Kommt esst von meiner Speise und trinkt den Wein, den ich euch gemischt habe".* (Spr 9,5)

Wunderbar war die Schönheit der Rede Jesu, wunderbar und oft rätselhaft, aber von einer flammenden Begeisterung und Echtheit durchdrungen. Und für nichts war er sich zu schade, machte keinen Unterschied in seiner Zuwendung. Er wurde ihr Held, der Held der Unterprivilegierten, Außenseiter und Randständigen, und wurde es desto mehr, als deutlich wurde, dass er sich wenig darum kümmerte, was der allgemeinen Moral entsprach. Und klug war er, furchtlos und schlagfertig, machte selbst die Schriftgelehrten sprachlos mit seinen Antworten, so dass sie anfingen, ihn zu hassen und zu verfolgen – aber er entkam ihnen immer wieder, entwich in die Wüste, verschmähte alle Sicherheit, allen Besitz, und was immer er tat schien einer unüberwindlichen, zugleich überpersönlichen und authentisch eigenen Kraft in ihm zu entspringen, die durch ihn hindurch wirkte. Unablässig ermutigte er sie, diese Kraft auch in sich selbst zu entdecken, und ihr zu folgen, denn sie sei in jedem lebendig, der auf sie höre.

Was Jesus den *„Anawim"*, diesen kleinen und kleinsten Leuten tatsächlich gesagt hat, wissen wir nicht. Es gibt gewissenhafte Forscher, die kein einziges „Jesuswort" in den Evangelien für „echt" halten, von Jesus selbst gesprochen. Wie Buddha hat er nichts Schriftliches hinterlassen. Alles, was wir von ihm wissen, stammt aus der Feder seiner Verehrer.

Was in vielfachen Variationen hindurchklingt ist jedoch, dass er zwar prinzipiell vor allem das Judentum erneuern wollte, die „verlorenen Schafe" wieder einsammeln und immer wieder auch an jüdische Propheten anknüpft. Dennoch wird auch klar, dass er bereit war, so ziemlich alles

Bestehende in Frage stellen, wo es allein dem Machterhalt der Glaubens-
verwalter und Herrschenden diente. Und wir sehen, dass er das Leben
derer, die um ihn waren und zu ihm kamen, teilte, haus- und heimatlos und ohne Vorurteile, mit eigenständigen, absolut nicht gesellschafts-
konformen Entscheidungen, die ohne Beispiel waren, „ketzerisch" – und
immer im Sinne tiefer Menschlichkeit und Seelenkenntnis. Und trotz seiner charismatischen Autorität nahm er nicht für sich in Anspruch, in eigener Autorität zu sprechen: Immer verwies er auf den göttlichen „Vater"
aller, der ihn gesandt habe, und dessen Gottesreich schon bald für alle
sichtbar würde. Darum kam es nicht auf irgendwelche Leistungen und
Siege an, welche die Helden der klassischen Antike ausgezeichnet hatten.
Nicht die Starken und Erfolgreichen würden am nächsten bei Gott sein,
sondern gerade die Schwachen, die Machtlosen, die „Toren", die durch
Not und Gottesferne Irregeleiteten mit den krummen Lebensläufen.
Ihnen gab er das Gefühl, die „wahren Helden" des Lebens zu sein, nicht
vom Hohen Ross herab, sondern als einer der Ihren.

Es muss eine enorme „Kraft" und Ausstrahlung von ihm ausgegangen
sein, von diesem unerschütterlichen Menschen, der jede Pose scheute,
jede selbstherrliche Äußerlichkeit, und doch pardoxerweise gerade im
Verzicht darauf in seiner Entschiedenheit etwas Heroisches hatte. Eine
zuvor bei keinem gespürte Widerstandskraft gegen hohles Machtgehabe
und so bei den „Rechtgläubigen", Selbstgerechten als *anomos* (gr.
Gesetzesübertreter, Gesetzloser, Frevler) verschrien und später unter diesem
Urteil hingerichtet, einer der kein Tabu scheute und stets aus innerster
mitfühlender Überzeugung sprach und handelte – das war das Neue!

Neu die alles bisher Gehörte erschütternde Botschaft, selbst die „Ver-
worfensten" (die „Reprobusse"?) trügen in ihrem Innern, Gottes „Ebenbild", wenn sie nur dessen innewürden und seiner Stimme folgten – wie
hätte sie nicht Widerhall in den „Herzbildern" all dieser bisher Verachteten finden sollen? Kein anderer zuvor hatte sie so gestärkt und ermu-
tigt. Durch ihn fanden die schwachen und immerzu gedemütigten Ichs
die stärkende Kraft, die sie brauchten, um einen menschheitsgeschichtlich
wichtigen Schritt in der seelisch-geistigen Bewusstseinsentwicklung zu tun
und zu erkennen: *Auch Ohnmacht, Schwäche und Scheitern sind göttlich!* Sie
sind keine Schande, genausowenig wie Armut und moralisches Unvermö-

gen, sondern können genauso ein Zeichen der Gotterfülltheit sein wie die
bisher allein als Gotteszeichen verehrte Stärke.

Jesus predigte die heilende Kraft der vorbehaltlosen Liebe, der Sym-pathie, des Mit-leidens und des Mitgefühls, nicht der Größe und Sieger-
pose: Was Buddha ein halbes Jahrtausend früher schon für sich in Indien
erfahren hatte und einer kleinen Elitegruppe weitergegeben – jetzt findet
es als glaubhafte Botschaft in einer anderen Variation Eingang in das religiöse Bewusstsein der vorderorientalischen und griechisch-römisch heroisch geprägten Welt und legt zugleich den Schwerpunkt auf die unantast-
bare und unverwechselbare *persönliche Würde* jedes Einzelnen, auch des
„Geringsten" und des „Toren", der sich durch jeden Blick der Klugen,
Erfolgreichen „gekreuzigt" fühlen muss ...

Sie alle, die Mühseligen und Beladenen ermutigte er, das Kreuz ihrer
existenziellen Unvollkommenheit auf sich zu nehmen, denn nur das Annehmen von Schmerz, Leiden und Unzulänglichkeit führt zur Ganzheit, die
letztlich durch das uralte Symbol des Kreuzes symbolisiert wird. Ein mensch-
heitsaltes Symbol des Ausgespanntseins zwischen den Gegensätzen, Finsternis und Licht, Unbewusstem und Bewusstsein, Himmel und Erde, oben
und unten und ihrer Verbindung im konkreten Dasein, viel älter als das tra-
gische Geschehen von Golgatha. Dass der Mensch Jesus diesem Kreuz nicht
davonlief, sondern es in seiner ganzen Härte erlitten hat, konnte in allen Leidenden einen erlösenden, in die Tiefe der Psyche hineinwirkenden Bewusstseinsschritt auslösen, der besagt, dass wir nur „ganz" (*teleios,* vollendet) werden, wenn jeder Einzelne sein gegebenes Los (oder Kreuz) auf sich nimmt,
anstatt vor Schmerz und Vereinzelung davonzulaufen in den Schutz der
Menge. Auch wenn ihn die anderen deshalb für einen Schwächling, einen
„Toren" halten, weil er Dinge tut, die sie „komisch" finden, oder wenn er
nicht raffiniert oder skrupellos genug ist, andere für seine Größenphantasien
ins Elend zu stürzen und das auch noch für besondere Cleverness zu halten,
wie wir es täglich in Politik und Geschäftswelt erleben.

Noch einmal: Das ist *mein* Blick auf das, was damals geschah. Ein
Blick, der ohne theologisch-akademische Absicherung das schauen will,
was Resonanz findet in *meiner* eigenen „*syneidesis"* – die ich (ebenfalls nur
für *mich*) als „Zusammenschau" übersetzen möchte.

Mit diesem Blick könnte für mich ein stimmiges Bild entstehen, was den Anfang der Religionsgemeinschaft, der ich angehöre, betrifft. Vielleicht muss ich aber das noch einmal hinzufügen:

Mein Blick ist dabei zwar *auch* auf die Person Jesus gerichtet – aber mit der kollektivpsychologischen Erfahrung im Hintergrund, dass eine „Idee" (von gr. *eidos* = Bild) nur dann wirksam werden kann, *wenn viele dafür bereit sind, sie aufzunehmen!*

So müssen die „Hauptrollen" in den Anfängen der christlichen Grundgedanken meines Erachtens gleichsam von zwei Brennpunkten ausgehend und zu gleichen Teilen verteilt gedacht werden: Die Schwachen, „Erniedrigten und Beleidigten", die in Jesus ihren Helden sahen, auf der einen Seite: Sie sind nicht nur Hintergrundfolie, sondern *Menschen, ja Menschheitsvertreter,* in denen das Bewusstsein erwacht, dass *sie selbst* Träger eines ungeheuren Mysteriums sind und teilhaben am Prozess der göttlichen Inkarnation. Der *Mensch* selbst ist gerufen, an dieser Erkenntnis auch mit seinen eigenen mitschöpferischen Kräften mitzuwirken und sie weiterzugeben!

Und der „*Mensch Jesus*" auf der anderen Seite spielt in diesem wunderbaren Kairos-Moment eines Entwicklungsgeschehens die Rolle des mythentragenden Initiators und Protagonisten dieser kollektiv erwachenden geistig-seelischen Mündigkeit, die sich frei macht von der Nachahmung und Unterordnung unter ein aufoktroyiertes religiöses Regelwerk zugunsten des Lauschens auf die jedem Menschen eingewurzelte, gleichwohl verschüttete innere Stimme der schöpferischen Weisheit und mitfühlenden Menschlichkeit. Der Mensch Jesus spielt die Rolle eines Gesandten dieser Weisheit und eines neuen Mythos von der Würde und „Gottbegabung" *eines jeden* Menschen. Und auf die gegenseitige Wechselbeziehung zwischen diesen beiden Brennpunkten kommt es an. Religiöse Offenbarung braucht ein *Gegenüber,* braucht *menschliche Bereitschaft, Öffnung seines „geistigen Sehorgans",* eine *„Anthropologie des Empfangens"* (H. Wöller). Sie kann nur wirken, wenn Menschen offen sind für einen neuen Erkenntnisschritt.

Vom Jesus zum Christus

Während ich in Gedanken noch bei dem „Anti-Helden" Jesus bin, der gerade als *solcher* weltbewegende Wirkung erlangte, kam mit der Post das Buch einer russischen Intellektuellen, Tatjana Goritschewa, geb. 1947, also fast so alt wie ich. Glänzende Karriere, Professorin für Philosophie, weit entfernt von den religiösen Traditionen ihres Volkes, agitierte sie mit anderen Intelligenzlern unter ständiger Lebensgefahr gegen das Sowjetregime, bis sie mit 26 eine plötzliche „Bekehrung" erlebte.

Titel des Buches: *Die Kraft christlicher Torheit.*

Der „Zu-Fall": Habe ich nicht eben von Jesus als dem Helden der Leidenden und „Toren", der Geringen und Verachteten (1. Kor 1,28) geschrieben? Aber da ist es wieder: Der Titel spricht *nicht* von „jesuanischer Torheit", sondern von „christlicher". Was aber ist „christlich"? Was ist „Christus"?

Wir bauen Bilder vor dir auf wie Wände,
so dass schon tausend Mauern um dich stehn.
Denn dich verhüllen unsere frommen Hände
sooft dich unsere Herzen offen sehn,

schreibt Rainer Maria Rilke in seinem „Stundenbuch".

Ich schaue auf den Christophorus meiner „Geheimgesellschaft": Er hat den Ruf eines „törichten" kleinen Kindes als ernsten Auftrag angenommen, obwohl Kinderwünsche ja gern als nicht ganz ernst zu nehmen, als „gering" und „töricht" gelten, womit sowohl Kind als Riese unter die Kategorie „Toren" fallen müssten. Aber das närrische Abenteuer nimmt eine nicht vorherzusehende Wendung und es zeigt sich, was sich in der Mythengestalt dieses Kindes verbirgt: Der „Herr", die Kraft, die göttliche Weisheit, welche die ganze Welt, ja den ganzen Kosmos erschafft und erhält. In den Worten des Paulus: „*Christus*, Gottes Kraft (*dynamis*) und Weisheit (*sophia*) (1. Kor. 24). Und der „törichte" Riese erkennt sofort, was damit gemeint ist, und nennt sich fortan „Christusträger": Jeder Name ist seinem Wesen nach verdichteter Mythos. Was anderen als „Torheit" erschienen wäre, wird für Christophorus zur „christlichen" Schlüsselerfahrung: Er tritt ein in einen Mythos, in dem ihm „Christus" nicht mehr nur ein abstraktes Wort, sondern leibseelisches Wirklichkeitserlebnis einer welterzeugenden und weltbewegenden Kraft (*dynamis*) und Weisheit (*sophia*) geworden ist, das – wo immer es erfahren wird – einen neuen Anfang setzt und uns die Augen öffnet.

„Christus": Bei meiner Annäherung an Jesus habe ich bisher aus gutem Grund vermieden, von „Christus" zu sprechen, denn meiner Erfahrung nach geht die Verbindung von „Jesus-Christus" versierten Theologen und Laien viel zu selbstverständlich über die Lippen, auch wenn sie sich darin auf die Angewohnheit eines Paulus stützen können.

Aber wissen sie wirklich, was sie sagen? *„Dadurch das man irgendetwas >Christus< nennt, hat man den Christus nicht getroffen",* bemerkt der ketzerische Rudolf Steiner (Michael, S. 25), und das trifft sich gut mit meinen eigenen Erfahrungen, auch wenn ich ganz gewiss keine „Steinerinnerin" bin.

Als ich einmal einen außerordentlich klugen, präzise denkenden, vielseitig gebildeten und eloquenten Pfarrer, der mir immerzu von „Christus" sprach, geradezu fragte, ob er mir bitte sagen könnte, was damit eigentlich gemeint sei, entstand plötzlich eine für diesen Mann sehr ungewöhnliche Redepause, bevor er sich zu der Aussage durchrang, es handle sich dabei eben um eine „Chiffre".

Ja, so weit war ich inzwischen auch, aber „Chiffre" wofür?

Warum nennt sich diese Religionsgemeinschaft, der ich (immer noch) angehörte nicht „Jesustum", sondern „Christentum"? Wäre denn ein anderer Name möglich gewesen? Bekanntlich sprachen die ersten „Christen" einfach vom *„odos",* Weg, und galten als eine Art Sekte – der Name „Christentum" entstand erst später.

In den (apokryphen) „Johannesakten" offenbart sich Jesus dem Johannes als „Stimme" über einem Kreuz aus Licht, die zu ihm spricht: *„Dieses Kreuz aus Licht wurde von mir um euretwillen bald Logos, bald Nous, bald Jesus, bald Christus, bald Türe, bald Weg, bald Brot, bald Same, bald Auferstehung, bald Sohn, bald Vater, bald Pneuma, bald Leben, bald Wahrheit, bald Glaube, bald Gnade genannt ..."* (Schwarzenau, Kreuz, S. 95)

Die „*Stimme*". Stimme, die auch den Riesen Offerus gerufen hat. Stimme, Ruf, Weg.

Also wäre es legitim, einmal den einen, einmal den anderen Namen für die „Chiffre" „Christus" zu nennen?

Wie es dann zur Bildung einer Glaubensgemeinschaft unter diesem Namen kam, ist bekannt: Schon kurz nach der Hinrichtung Jesu und seiner „Auferstehung" (die bildhaft bezeugen sollte, dass der Mensch mehr ist, als seine Leiblichkeit und nicht in unbewusster Finsternis bleiben muss, sondern seiner aufbrechenden „Lichtkraft", seinem entwicklungsträchtigen inneren Impuls trauen kann) setzte ein Prozess ein, in dem Jesus zum „wahren Messias", dem (von Gott) gesandten erwählten Retter und königlich „Gesalbten" (gr. *Christos*) erklärt wurde. Langsam aber sicher setzte seine „Vergottung" ein. Kein schöner Begriff, aber er trifft, und David Flusser scheut sich nicht, den Vorgang in seinem Jesus-Buch so zu nennen. Jesus wurde als „Christus" zur göttlichen Kultfigur. Er geriet zunehmend in einen Prozess der Veräußerlichung, der den Anhängern erlaubte, seine Appelle zur „Nachfolge" weniger als die bedingungslose Führung der unverbildeten (womöglich „töricht" spontanen aber weisheitsvollen) „Kinder"- oder „Herzensstimme" in sich selbst ernst zu nehmen und den eigenen Weg zu gehen, als zur braven kultischen Verehrung überzugehen und eine neue Glaubensgemeinschaft zu etablieren. Die sich aber immerhin die gefährliche Torheit leistete, nicht dem weltlich Großen und prunkvoll Daherkommenden in Gestalt des Gottkaisers oder dem erstarrten sadduzäischen Tempeljudentum Referenz zu erweisen. Und dazuhin geradezu auffällig (und für manche aufreizend) bescheiden und friedfertig miteinander umzugehen.

Doch es blieb nicht bei der Armenreligion. Rund 300 Jahre später entstand das „ChristenTUM" unter Kaiser Konstantin als offizielle Staatsreligion, womit sich die Institution Kirche mehr und mehr mit all dem auf Beeindruckung ausgerichteten und den römischen Staatskulten abgeschauten Pomp ausstattete und von „Jesus-Christus" mittels entsprechender Dogmatik Besitz ergriff.

Christus. Bei Google fand ich eine Kinder-Plattform in der zu lesen war, „Christus" sei *nicht der Nachname von „Jesus Christus".*

Soweit bin ich also schon, dass mir dieser Titel derart entgleitet, und ich Inspiration bei Google suche, obwohl meine Bücherregale proppenvoll mit theologischer Literatur sind und ich selber in Büchern einige Gedanken zum Thema festgehalten habe, die mir damals so einleuchtend erschienen, dass ich dachte, nun „weiß" ich endlich, woran ich bin und kann mich eines Tages doch noch „Christin" nennen. Aber „*Etwas*" in mir zögert ...

Plötzlich kommt mir mein gestriger „Morgentext" aus Tagores kleinem Büchlein „Flüstern der Seele" in Erinnerung, dem ich ja auch das Motto zu diesem Versuch einer Klärung, was „Christus" ist, verdanke. Unter der Nummer 66 ist dort zu lesen:

> „*Wenn wir zu dem Glauben kommen, dass wir Gott besitzen, weil wir zu einer besonderen Sekte gehören, so gibt uns dies ein so vollkommenes Gefühl sicheren Behagens, dass wir Gott überhaupt nicht mehr brauchen, es sei denn, um mit anderen darüber zu streiten, deren Vorstellung von Gott in theoretischen Einzelheiten von unseren abweicht.*
>
> *Da wir Gott im Schattenland irgendeines dogmatischen Bekenntnisses untergebracht haben, glauben wir, mit gutem Gewissen allen Raum der Welt der Wirklichkeit für uns beanspruchen zu dürfen, indem wir das Wunder des Unendlichen daraus verbannen und sie so alltäglich machen wie unser Hausgerät. Solche platte Gewöhnlichkeit wird nur möglich, wenn unser Geist keinen Zweifel hat, dass wir an Gott glauben, während unser Leben nichts von ihm weiß.*"
> (Hervorhebung B.R.)

Das geht unter die Haut, auch wenn er von „Sekte" spricht (wogegen sich jeder „Christ" vehement wehren würde) und als Nichtchrist eben von „Gott": Ich setze dafür „Christus" ein. Der letzte Satz von den ihres „Besitzes" Sicheren, die, von Zweifeln geschützt, in den Mauern fester Vorstellungen müsste dann heißen „ *...an ‚Christus' glauben, während unser Leben nichts von ihm weiß.*"

Er ist „*das Symbol einer religiösen Idee*" geworden, das man in eine feste und starre Form eingesperrt hat, monopolisiert, ohne so recht zu wissen, wovon man spricht, ohne das Symbol zu öffnen „*für eine endlose Möglichkeit anderer Bilder*" (s. Anfang).

Ich fasse Mut, werde auf meinem Weg bleiben, mich nicht mit „geistigen Besitztümern" und Vorstellungsmauern der Glaubens-Institution abfinden, sondern meine eigene innere Weisheit, meine Intuition, meine seelenführende „Stimme" befragen – und was meine *Seele,* mein *Leben* weiß! Denn ist nicht unser ganzes Leben, die Welt, die beseelte, die uns umgibt, die Natur, die Kunst, jede unserer Bewegungen, unsere Fähigkeit zu hören, zu sehen, zu fühlen und empfinden, zu phantasieren, zu denken und etwas zu erkennen schon ein atemberaubendes Mysterium?

Überall da, wo wir Innen- und Außenwelt mit einander verbunden erleben und unser „geistiges Sehorgan" für die *ganze* Wirklichkeit öffnen, auch die unsichtbare, erfahren wir, was „Christus" ist.

Einer der die Empfindungen und „Schickungen" des konkreten Lebens zum Zentrum all seiner vielfältigen Spekulationen gemacht hat, war der evangelische Mystiker Christoph Friedrich Oetinger, über den ich in meinem Buch über die göttliche Weisheit geschrieben habe. Er hat dieses innere lebensvolle Gespür für das zutiefst „Ent-sprechende", das *„allem zergliedernden Denken voraus"* ist (Gadamer über Oetinger) den inneren *„sensus"* genannt. Den *„sensus communis",* die *„Weisheit auf der Gasse",* die wie die alttestamentarische Sophia an allen Toren und Straßen die Menschen anruft, ohne dass sie auf ihre *Stimme* achten (Spr 8, 32). So wenig wie die allermeisten später auf die Stimme Jesu. Statt dessen läuft man dem nach, was „man" tut und sagt, und dieses „Man" hat längst die organische Beziehung zu der ursprünglichen, lebendigen weisheitlichen Schönheit und *„Urordnung"* (Gerhard v. Rad), in der äußere und innere Welt verknüpft sind, verloren. Und man hört nicht mehr auf ihren Ruf, ihre Erinnerung an die fundamentale kosmische Einheit von Gott, Welt und Mensch, die schon immer war und gemeint ist. Vielmehr reißt man in der Vorstellung die Dualität zwischen oben und unten, Himmel und Erde, Gut und Böse weiter auf: Das „Gottesreich" ist irgendwo „da oben", das armselig begrenzte Ich der Menschen versucht sich der Welt „da unten" zu bemächtigen und sie auszubeuten. Aber unermüdlich versucht diese in jedem schlummernde Stimme Resonanz im Menschen zu erreichen, damit er dessen inne wird, dass doch alles in Welt und Leben, ja, jeder einzelne *selbst* ihr *Tempel* ist. Und dass der Mensch dieser Weisheit eine Wohnstatt, einen „Tempel" in sich bereiten soll, diesem wunderbaren Gottesreich, in dem alle Schätze verborgen sind. (Kol 2,3)

Die herrlichen Texte der Sprüche Salomons, der Weisheit Salomonis, des Hohen Lieds und Jesus Sirach haben mich jahrelang umgetrieben und ungeheure Entdeckungen machen lassen – unter anderem auch die, wieviel Parallelen es gibt zwischen den Botschaften der göttlichen Weisheit und den Worten, die bei den Synoptikern (die 4 kanonischen Evangelien) Jesus in den Mund gelegt werden. Die Dissertation eines (damals noch) jungen Mannes von 1970 mit dem Titel „Jesus Sophia" hat mir dafür die Augen geöffnet. Denn auch die Weisheit des „Alten Testaments" richtet sich an die „Einfältigen" und die „Toren", wie Jesus an die „Armen im Geiste" (Lk 6,20) also.

Erinnern wir uns? Sie bittet alle, gleich welchen Standes, ausdrücklich aber die, die „wenig Verstand haben" zu Tisch, den sie für sie reichlich gedeckt hat, schickt gar ihre Mägde aus, um sie einzuladen. *„Kommt esst vom meiner Speise und trinkt den Wein, den ich euch gemischt habe!"* (Spr 9, 1-5) Wie auch bei Jesus Sirach: *„Kommet her alle, die ihr mein begehrt und sättiget euch an meinen Früchten."* (24,25) Und Jesus dann in Mt 28, 20: *„Kommet her alle, die ihr mühselig und beladen seid, ich will euch erquicken".*

Die Weisheit verspricht alle Schätze und Freuden des Lebens, ja mehr noch: In Spr 8,35 spricht sie es sogar ganz direkt aus: *„ Wer mich findet, der findet das Leben."* Kommt uns das nicht aus den Evangelien bekannt vor?

Wer nämlich das Kaleidoskop auch nur ein bisschen dreht, findet vieles als Jesusworte wieder, etwa er sei *„gekommen, dass sie das Leben haben"* (Joh 10,10), oder dass er *„die Auferstehung und das Leben"* sei (Joh 11,25), dass er *„der Weg, die Wahrheit und das Leben"* sei (Joh 14,6). Und man könnte noch viel mehr Parallelen finden – viele Forscher haben darauf hingewiesen (etwa auch D. Flusser)

Für mich und meine „Geheimgesellschaft" besteht jedenfalls kein Zweifel, dass die den Menschen unsichtbare und unhörbare göttliche Weisheit, die keine Wohnstatt bei den Menschenkindern fand (1. Henoch 42) schließlich keinen anderen Weg sah, sich deutlich bemerkbar zu machen, als sich zu inkarnieren. Eine weibliche Person hätte man damals nicht ernst genommen – also in Jesus, im „Menschensohn". Die Zeit ist offenbar reif, dass wenigstens einige für Ihre Botschaft offen sind, obwohl Jesus in vieler Hinsicht das Schicksal der Weisheit teilt: Hauslos bleibt er, immer „rufend" und von Ort zu Ort ziehend, wie auch sein Vorläufer Johannes, der „Rufer in der Wüste", wobei „Wüste" als Symbol der völligen Sinn- und Bewusstseinsleere zu lesen ist. Doch nirgendwo findet er „Wohnstatt": *„Die Füchse haben Höhlen, und die Vögel unter dem Himmel haben ihre Nester, aber der Menschensohn hat nichts, wo er sein Haupt hinlegen könnte."* (Mt 8,20) Der „Menschensohn", geheimnisvolles Rätselwort. Zwar erscheint er auch in den Evangelien als Weisheit und eschatologischer Weisheitslehrer – schließlich wird er nicht müde, auf das nahende Weltende, die notwendige „Umkehr" zur Wiedererinnerung dessen, was der Mensch ist, aufzurufen, aber dennoch resümiert das Johannesevangelium einigermaßen resigniert, dass das „Leben" und das „Licht", das in ihm „Fleisch geworden" war, von „der Welt" nicht erkannt worden war: *„Er war in der Welt, und die Welt ist durch ihn gemacht, aber die Welt erkannte ihn nicht. Er kam in sein Eigentum, und die Seinigen nahmen ihn nicht auf."* (Joh 1, 10-11) Mit Christus treten wir in die Sphäre des symbolischen Lebens ein. Doch seine Stimme wird so wenig gehört, wie die der Weisheit. Sie wird im Menschen, der durch sie in eine andere Dimension hineinreifen soll, nicht aufgenommen.

Der „Menschensohn". Der „Logos", das anfängliche Weisheitswort, Sophia, Christus: Auf griechischen Christus-Ikonen, wie meine Mutter eine besaß, steht auf der einen Seite des oberen Bildgrundes *Christus*, auf der anderen *Sophia*. „Sophia" und „Christus" sind also in der griechisch-orthodoxen Anschauung Synonyme. Die Weisheit, die „Wohnung nehmen" möchte im Menschen, um ihm die Augen für die *ganze Wirklichkeit* zu öffnen. Die ganze Wirklichkeit, die sich unablässig als innere Stimme in uns meldet und uns darauf hinweist, dass wir *mehr* sind, als unser „Ich": Zwar *in* der Welt, aber nicht *von* der Welt.

Woher aber sind wir dann?

In der Apostelgeschichte sagt Paulus das den Athenern sehr deutlich: Wir alle sind im tiefsten Grund *„von Gottes Art"*, von göttlicher Herkunft (Apg 17,29) – nur haben wir das vergessen!

Der *„spiritus sacer"* hat also einst sehr wohl in uns „Wohnung genommen", als göttlicher Kern, „sensus", Genius, Daimon, göttlich-kindlicher Seelenführer – aber wir nehmen seine Impulse nicht, nicht mehr oder viel zu wenig *wahr.* Erinnert euch an *„Christus in euch"* (Kol 1,27), schreibt Paulus den Kolossern. Ihm ist er längst *„sein Leben"* (Phil 1,13) – genau wie die Weisheit versprochen hatte: *„Wer mich findet, der findet das Leben."* (Spr 8,35)

Ja, das Leben in seiner ganzen Lebendigkeit mit allen seinen Wundern, dessen eines der größten der Mensch selber ist. Der Mensch, der „re-flektieren", sich selber in allen Wundern spiegeln kann und über diese Spiegel wenigstens eine Ahnung davon bekommen, welches Mysterium er selber ist, *in* der Welt, aber nicht *von* der Welt. Auch die Welt- oder „Spiegeldinge" sind ja durch „das Wort" geworden und so miteinander (und uns) verbunden: Durch „Christus" selbst – er ist das verbindende *„vinculum",* das Band mit dem nach Pico della Mirandola (1463-94) die ganze Schöpfung zusammengehalten und alle Dinge des Universums miteinander verbunden sind (Panikkar 1986, S. 36). Und dass er das höchste Symbol des „im sterblichen Menschen verhüllten Unsterblichen" (Jung) ist. Wenn man das erkennen, wirklich innerlich spüren könnte!

Zweifellos: Paulus hat in seinem berühmten „Damaskuserlebnis" wohl dieses Ausnahmeerlebnis gehabt.

Aber wir ganz gewöhnlichen Menschen?

Die wir nur ab und zu ganz schwach eine „innere Flüsterstimme" wahrnehmen, wenn wir „in uns gehen", wenn wir genauestens unserem *„sensus"* nachspüren? Friedrich Christoph Oetinger hat ihn in seinem „Biblischen Wörterbuch" nicht nur „Empfindung" genannt, sondern auch griechisch *aisthesis.* Und das bedeutet nun nicht nur „Ästhetik", sondern „Gespür, Wahrnehmung". Lassen wir uns vielleicht einfach in unserer hektischen Welt dafür zu wenig Zeit, hören zu wenig hin auf unsere komplexen, sowie sinnlichen wie auch im Seelisch-Geistigen gegründeten Empfindungen, und beharren statt dessen eisern auf unseren rationalen Vorstellungen?

So ist es dem Riesen Offerus zunächst auch gegangen. Nur eine schwache Stimme hat er gehört und schließlich „nur ein Kind" gesehen. Immerhin *hat* er darauf gehört.

Hätte er aber gleich mit dem *Herzen* gehört und gesehen, so hätte er schwer gestaunt. Denn das Kind, das „Jesuskind", das er fast überhört hätte, erweist sich nicht nur als der „König", der die ganze Welt trägt, sondern als der kosmische, präexistente Christus, weisheitlicher Ordnungsgrund, aus dem heraus diese Welt erschaffen ist, als ein Spiegel des Geheimnisses, das der Mensch als verborgenen Schatz zumindest in sich erahnen kann – wenn er auf seine „Flüsterstimme" hört ...

Die höchstwahrscheinlich unsere Welt miterschafft – womöglich nicht nur unsere kleine, persönliche Welt. Denn sie ist ja auf geheimnisvolle Weise an diesen vielnamigen, immer und überall vorhandenen Schöpfungsimpuls angeschlossen und bestrebt, uns auf den persönlichen Auftrag, den wir darin haben, hinzuleiten.

Und weil mir diese ebenso geheimnisvoll charmante wie höchst interessante Wechselbeziehung immer plausibler wurde, habe ich auch inzwischen meinen Mann, der in solchen Sachen sehr begabt ist, gebeten, dem verunglückten Kind auf der Schulter des Plastik-Christophorus das nach oben weisende Ärmchen doch wieder anzukleben, weil ich begriffen habe, wie wichtig diese Geste ist.

Denn aus der Stimme des „Daimon" oder „Genius" oder *„sensus"* in uns spricht unser innerster Wesenskern, der uns zu unserer menschlichen Eigenart und Aufgabe in der Welt führen will. Aber er ist verbunden mit einer anderen Dimension, welche uns wie ein energetisches, „in höheren Sphären" verankertes Kraftfeld umgibt, dessen wir manchmal, in seltenen Augenblicken, gewahr werden: „Höhere Wirklichkeit", „Gott", „Überbewusstes", weisheitlicher Ordnungsgrund, Kosmischer Christus, „Stein des Weisen", „heiliger Gral" – Mythen sind erfinderisch und uferlos vielfältig in der Benennung der heimlichen Ahnung einer größeren Wirklichkeit, die wir leicht vergessen.

Aber unsere innere Stimme, unser Genius und Wegleiter, vergisst sie nicht.

Christlich gesprochen ist sie das, was Paulus im Brief an die Kolosser mit dem *„Christus in Euch, die Hoffnung der Herrlichkeit"* (1.27) meint.

Teil IV

… der Geliebte liegt schlafend in der dunklen Tiefe unseres Herzens.
Er erwacht erst, wenn unsere eigene Liebe erwacht. Es mag paradox klingen,
dass wir uns unserer eigenen Liebe nicht bewusst sind, ebensowenig wie wir
uns bewusst sind, dass wir von der Erde um die Sonne getragen werden …
Rabindranath Tagore, „Flüstern der Seele",22

„Christus in uns"

„Der Geliebte", der „Bräutigam", „Christus": Rätselworte, die wir dechiffrieren müssen, besser noch, zu ihrer Bedeutung, ihrem Wesen *erwachen*. Kaum einer hat das so bündig und einprägsam zusammengefasst wie Angelus Silesius in seinem berühmten Epigramm aus dem ersten Buch seiner Spruchsammlung „Cherubinischer Wandersmann":

> *Wird Christus tausendmal in Bethlehem geboren*
> *Und nicht in dir; so bleibst du ewiglich verloren.* (1/61)

Aber wieder und wieder: Wer ist „Christus", wer ist „der Geliebte"? Ist er in uns in der dunklen Tiefe unseres Unbewussten, oder „über" uns, in der ebenso dunklen Tiefe des Unendlichen, durch das die Erde um die Sonne getragen wird?

Christophorus hat in dem Moment, als er erkannte, dass er den „Herrn der Welt", die präexistente, immer schon vor aller Schöpfung dagewesene Herzkraft, den „kosmischen" Christus getragen hat, auch erkannt, dass es der zuvor in ihm schlafende Geliebte war. Er hat die Wurzel seines „spirituellen Eros" entdeckt, einen Eros, der das Herz zugleich stärkt und öffnet für das Grenzenlose, Unendliche, Transzendente. Denn *„Christus veranschaulicht den Archetypus des Selbst"* (Jung, GW 9/II, § 70), das immer schon über das persönlich Bewusste hinausweist, auf eine größere Ganzheit hin, in die wir eingebettet sind.

Letzteres hat C. G. Jung in seinen Erinnerungen (unter der Überschrift „Späte Gedanken") im Gespräch mit Aniela Jaffé, die diese Gedanken aufgezeichnet hat, unmissverständlich ausgeführt:

Die entscheidende Frage für den Menschen ist: Bist du auf Unendliches bezogen oder nicht? Das ist das Kriterium seines Lebens. Nur wenn ich weiß, dass das Grenzenlose das Wesentliche ist, verlege ich mein Interesse nicht auf Futilitäten [Nichtigkeiten, B. R.] und auf Dinge, die nicht von entscheidender Bedeutung sind. Wenn ich es nicht weiß, so insistiere ich darauf, um dieser oder jener Eigenschaft willen, die ich als meinen persönlichen Besitz auffasse, etwas in der Welt zu gelten ... Wenn man versteht und fühlt, dass man schon in diesem Leben an das Grenzenlose angeschlossen ist, ändern sich Wünsche und Einstellungen...

Und weiter:

Das Gefühl für das Grenzenlose erreiche ich aber nur, wenn ich auf das äußerste begrenzt bin ... Nur das Bewusstsein meiner engsten Begrenzung im Selbst ist angeschlossen an die Unbegrenztheit des Unbewussten ... Indem ich mich einzigartig weiß in meiner persönlichen Kombination, d. h. letztlich begrenzt, habe ich die Möglichkeit, auch des Grenzenlosen bewusst zu werden. Aber nur dann. (S. 328)

Obwohl wir also nicht dem Irrtum aufsitzen dürfen, mit unserem durch unsere Sozialisation gewordenen „Ich-Komplex" an Eigenschaften, Wünschen und Rollen, kurzum unserer „Persona" und deren Errungenschaften identifiziert zu sein, müssen wir doch zunächst einmal klar sehen, wer und wie wir sind. Das alte „Erkenne dich selbst" der Antike, das illusions- aber nicht liebelose Durchschauen meiner erworbenen „Charaktermaske" erst eröffnet die Möglichkeit, mit unserem „Geliebten", unserem wesenhaften Selbst, welches das Ich übersteigt, in Verbindung zu kommen.

Es ist interessant, dass der „Reprobus", also von der Gesellschaft Verworfene und spätere Christophorus seine Grenzen sehr genau kannte: Nicht beten oder fasten kann er, aber seine Sehnsucht und seine besonderen Riesenkräfte in den Dienst anderer stellen, und er hat nicht viel Aufhebens davon gemacht. Sein „Selbst", sein wegleitender, aber noch „schlafender Geliebter" hat ihn aber zuvor schon „die Hoffnung der Herrlichkeit", die Zugehörigkeit zum Reich Gottes träumen lassen. Somit war er eigentlich schon von Anfang an „erlöst" indem er ganz „bei sich" war und seine Grenzen kannte, aber zugleich auch um eine „größere Macht" wusste und hoffte, sie zu finden – was dann auch geschah. Eine Verwandlung, eine Erweiterung seiner Wahrnehmung hat in ihm stattgefunden. Der „Geliebte" war in ihm „auferstanden", eine Liebe, ein „Licht" war ihm aufgegangen, in dessen Dienst er sich nun ganz und gar stellte. Seine weitere „Erlösung" und „Auferstehung" bestand darin, dass er anerkannte, dass er dem Geliebten („Christus") zwar nur mit seinen beschränkten Fähigkeiten dienen konnte, dass er aber darüberhinaus in Verbindung stand mit dem „Unendlichen", diesem spirituellen Schöpfungszentrum, aus dem wir alle stammen. Denn diese Liebe ist die Dynamik der Wirklichkeit selbst, die Kraft, die das Universum bewegt. Damit war Christophorus die Beziehung zu der pulsierenden Wesensmitte in allem, die das „ChristenTUM" „Christus" nennt, bewusst geworden, der Geliebte erwacht.

Es ist dieses allem Ichwillen weit überlegene Zentrum in unserem Inneren, das Paulus den „Christus" nennt, Tagore den „Geliebten", Jung das „Selbst", das uns die Fähigkeit gibt, sowohl gefühlsmäßig als auch intellektuell zu erkennen, dass wir *beiden* „Welten" zugehören: Das Dasein in der materiellen „Realität" spüren, und zugleich das Angeschlossensein an eine unser Tagesbewustsein weit übersteigende, transzendente Wirklichkeit, in der letztlich alles Da-Sein in der „realen" Welt gründet. Heidegger hat darum den Menschen im *„Wesen des Grundes"* ein *„Wesen der Ferne"* genannt, der nur indem er sich seines transzendenten Ursprungs bewusst wird, *„die wahre Nähe zu den Dingen"* und sein *„Mitsein"* erspüren und *„seine Ichheit drangeben"* kann. (Heidegger, Grund S. 55). Und auch Paulus sprach in seinem Philipperbrief davon, dass wir auch Bürger des Himmels seien (Phil 3,20): „Transzendenz" und „Immanenz" sind untrennbar ineinander verschlungen. „Gott" umfasst beides: unsere „Bürgerschaft" im Himmel und ihre Widerspiegelung in unserem inneren Selbst, dem „Christus in uns". Paulus spricht, einen stoischen Dichter zitierend, darum in Athen nicht nur von dem „unbekannten Gott", *in dem wir „leben und* *weben und sind"* (Apg 17,29), sondern schreibt an die Philipper, *„erspürt (phroneite) alles"*, was Jesus als Christus in sich gehabt hat (Phil 2,5), d. h. eben dieses *Angeschlossensein* – und doch zugleich eben „selbst" zu sein.

„Christus" wäre demnach die Konzentration des Alls (Gott, Vater, Fülle der göttlichen Liebe-Weisheit) im konkret-Personalen.

Tatsächlich: Wem dies einmal in seiner vollen Bedeutung transparent geworden ist, wer es, mittels seines innersten *„sensus"* begriffen hat, aus dem spricht die Weisheit des oder der inneren Geliebten und er kann sich als „Erlöster" erleben. Als einer der weiß, dass sein Sein nicht nur an seinen irdischen Leib gebunden ist. Dass er nicht immer und überall den angestrengt ehrgeizigen Forderungen seines Ichs nach Macht und Größe folgen muss. Oder gar, falls ihm das für sich allein nicht gelingt, Anschluss suchen an irgendeine verstiegene Idee, eine Sekte, einen para-religiösen Kult (mit entsprechenden Feindbildern) die das versprechen. Er muss sich nicht innerlich heimatlos fühlen, einem lebens- und liebevollen Sinn und sich selbst entfremdet.

Vielleicht erscheint einem „Fachgelehrten", also Theologen mein Umgang mit „christlichen" Schlüsselworten zu kühn:

Was wird jetzt aus der sorgfältigen Konstruktion unseres Kirchenjesuschristus? Laienhafte, schlampige Psychologisiererei? Was wird aus 2000 Jahren akribischer Theologiekonstrukten? Ein bekannter zeitgenössischer Kardinal hat solche Leute (wie mich ...) einmal „dilettantische Amateur-Theologen" genannt. Abgesehen von der eines solchen Herrn unwürdigen Tautologie könnte man das als ziemlich deutlichen Hinweis darauf lesen, woran „die Kirche" krankt: Sie neigt zur Verabsolutierung ihres Herrschaftswissens. Ich dagegen neige in (fast) jedem Fall C. G. Jung Recht zu geben, der schon vor mehr als einem halben Jahrhundert geschrieben hat: *„Erneuerungen kommen nie aus der allbereits zugespitzten spezialisierten Kenntnis, sondern aus dem Wissen über Nebengebiete, die uns neue Gesichtspunkte vermitteln. Ein größerer Horizont kommt jedem zugute und ist dem menschlichen Geist auch natürlicher als ein Fachwissen, das in einen geistigen Engpass hineinführt."* (Briefe II, S. 246)

Einen solch größeren Horizont spüren wir bei Tagore, und aus einem solch größeren Horizont von Philosophie, Kunst und dichterischem

„Genie" heraus hat auch Friedrich Daniel Ernst Schleiermacher (1768-1834) 1799 in seinem schon genannten furiosen Essay die Religion gesehen als *„Sinn und Geschmack fürs Unendliche"* (S. 30). Er sah sie gefangen in Fragen der Dogmatik des Glaubens und allen Arten von *„armseliger Einförmigkeit"* (ebda). Er sah, wie die unablässig wiederholten Stereotypen jeden einigermaßen intelligenten und „ästhetisch", das heißt in seinem innersten Gewahrsein sensiblen Zeitgenossen abschreckte.

Das ist bis heute nicht besser geworden. Wenn wir nicht anfangen unsere blutleeren theologischen Begrifflichkeiten immer neu zu hinterfragen und aus der Religion wieder das *„erhabenste Kunstwerk"* der Menschheit (Schleiermacher, Reden S. 19) zu machen oder mit Tagore *„die Religion in ihrer äußeren Erscheinung"* als *„die Kunst der menschlichen Seele"* (Flüstern, 70) zu sehen – und das muss psychologische Erkenntnisse mit einschließen – kann das ChristenTUM einpacken und „der Geliebte" wird in keiner Seele mehr geboren. Mit Teilhard de Chardin in seinem Brief an Leontine Zanta bin ich ziemlich sicher, *„dass der Augenblick gekommen ist, da das christliche Empfinden Christus aus den Händen der Kleriker ›retten‹ muss, auf dass die Welt gerettet werde."* (S. 40)

Aber wie soll das gehen? Wieder lese ich in der Zeitung, dass den Kirchen die Kirchgänger weglaufen, dass das Interesse, Pfarrer zu werden, nachlässt (auch auf evangelischer Seite), und dass selbst die katholischen Pastoralreferenten, die nicht zölibatär leben müssen, rar werden. Und im selben Blatt steht, dass die extremistischen Gruppierungen und Haltungen unentwegt zunehmen, Rechtspopulismus inbegriffen: deutliche Zeichen dafür, dass selbstentfremdete (und vermutlich reizüberflutete und -überformte) Menschen Halt suchen in Gruppenidentitäten, die beliebig ideologisch aufgeladen werden können.

Der Grund ist der Verlust des Kontaktes zum „inneren Geliebten". Beunruhigende „Gewaltbereitschaft" und Depressionen nehmen zu, die Psychiater und Psychotherapeuten bekommen mehr Arbeit, als sie bewältigen können, nicht nur die Jugendlichen zappen und rappen sich von Reiz zu Reiz, der immer noch eine Stufe stärker werden muss. Weshalb auch die Kirchen inzwischen meinen, sie müssten in dieser Richtung irgendwie modisch mithalten – was offensichtlich das Problem nicht löst, wenn sie nicht in der Lage sind, den Menschen zu helfen, sich des schlafenden Geliebten in ihren Herzen bewusst zu werden.

Was hoffen lässt, sind die Gegenbewegungen, die unabhängig von konfessioneller oder überhaupt religiöser Zuordnung Zulauf bekommen: Meditationsgruppen, Schweige-Exerzitien, „Achtsamkeits"-Trainings, Kultivierung von Langsamkeit, Anleitungen zu konzentrativem Innehalten und Selbsthilfe aller Art zeigen das Bedürfnis, „bei sich anzukommen", Verbindung zu Kräften aufzunehmen, die nicht mit Durchsetzungsstärke zu erreichen sind. Auf vielen Feldern zeigt sich zudem ein neues ökologisches Bewusstsein, nachbarschaftliche Verantwortung, Bereitschaft, sich für Randgruppen einzusetzen: kurz, sogenannte „christliche Werte" umzusetzen, auch wo sie nicht als solche akzentuiert werden, sondern eher eine Art neue, kaleidoskopisch fluktuierende Art sogenannten „spirituellen" Bewusstseins, das aus der Ahnung entspringt, dass letztendlich doch alles mit allem „irgendwie" in einem weisheitsvollen Zentrum verbunden ist.

Sollte man das als Hoffnungszeichen sehen, als Zeichen, dass vielleicht unter ausweitendem Vorzeichen eine uralte, aber neu empfundene Form von Christusbewusstsein sich zeigt? Dass doch sehr viele ernsthaft auf der Suche sind nach dem „Geliebten", der „schlafend in der dunklen Tiefe unseres Herzens" liegt, der in ihnen Sehnsüchte und Träume weckt nach dem, was mit dem Rätselwort „Christus" gemeint ist?

Der Kosmische Christus

Schon mehrmals war jetzt vom „kosmischen Christus" die Rede, höchste Zeit zu erklären, was damit gemeint ist.

Vielleicht lässt sich die Idee auf eine vorläufige Formel bringen: Wie der „Christus in uns" die pulsierende schöpferische und gegensatzvereinigende Herzkraft in jedem von uns ist, so ist der „kosmische Christus" das Herz des Universums: Das, was die Welt bis in die kleinsten Partikel durchdringt, und das, was sie im innersten zusammenhält.

Der Begriff ist alt und taucht schon in der Zeit der Kirchenväter auf. Populär wurde er erst zu Beginn des 20. Jahrhunderts – inspiriert etwa durch theosophische Rück-und Ausgriffe in mystische Ideen Indiens, aber auch befördert durch intensive Bemühungen wie die von Teilhard de Chardin, den Dualismus zwischen naturwissenschaftlichem, materialistisch und rationalistisch fragmentierendem Denken und „christischer" (Teilhard) Glaubenswelt miteinander zu versöhnen. Seither hat die Metapher vom „Kosmischen Christus" durch holistische Ansätze in Natur- und Religionswissenschaft, auch durch die „New-Age-Bewegung" Karriere gemacht. Zum Beispiel durch den einstigen Dominikaner und Schöpfungstheologen Matthew Fox, aber auch neuerdings wieder durch Leonardo Boff und Werner Thiele.

Abb. 9
Zodiak mit Kosmischem Christus
(9. Jh, Scholium de duodecim zodiaci signis, Bibliothèque nationale, Paris)
Bis weit ins 17. Jahrhundert hinein galten die Zeichen des „kosmischen Reigens der Sterne" auch im Christentum noch als „Einfallstore" der unterschiedlichen Impulse des Göttlichen, durch die sich das ewige Spiel von Werden und Vergehen in Raum und Zeit konkretisiert. Viele Gelehrte von der Antike bis zur Aufklärung, Scholastiker und Mystiker bezogen den Tierkreis in ihre Zusammenschau von Mikrokosmos und Makrokosmos ein. Astrologie galt zugleich als ernstzunehmende Wissenschaft und symbolisches System, durch das sich die weisheitliche Urordnung kundtut. Auf dem Tierkreisbild aus dem 9. Jh sehen wir Christus als „Maran" = hebr. „Unser Herr" und gestaltgewordenes Zentrum der kosmischen Ordnung, die ihn mit einer 12-strahligen Aura umleuchtet. Was die Darstellung interessant macht, ist, dass darin orientalische, jüdische, christliche und römisch-pagane Elemente (etwa die 4 Jahreszeiten in den Zwickeln) zusammenwirken. Damit wird alle weltanschauliche Enge überschritten: Weisheitliche Christuskraft zeigt sich als transkulturelle Geistkraft, welche die divergenten „Einflüsse" der (scheinbar) in steter gegenseitiger Reibung befindlichen Energien nicht nur ausgleicht, sondern ihre Widersprüchlichkeit als fruchtbares Ineinanderspiel erfahrbar macht.

Dass die Idee des Christus als organisierende, pulsierende Mitte der „großen Ordnung" viel älter ist, zeigt ein Tierkreisbild aus dem 9. Jahrhundert (Abb. 9).

Hier sehen wir Christus mit der Anmutung eines herrscherlichen Christus-Helios als Zentrum des Universums in seiner Ganzheit in der Aureole der noch nicht Person gewordenen göttlich-strahlenden Weisheit: Er bildet die Mitte zwischen den sich teilweise sehr gegensätzlich gegenüberstehenden weltbildenden Kräften, symbolisiert durch die Bilder des Tierkreises. Durch ihre Bezogenheit auf die präexistente weisheitlich inspirierte Christuskraft werden sie in ein zwar spannungsvolles aber dennoch letztlich harmonisches wechselseitiges *Zusammenspiel* gebracht.

Interessant an diesem christlichen Tierkreismandala ist übrigens, dass in der Gesamtdarstellung jüdische, vorchristliche, christliche und römisch-pagane Elemente (die 4 Jahreszeiten in den Zwickeln) vereint sind. Bis ins 16. Jahrhundert hatte man kein Problem damit: Auch im christlichen Verständnis galten die 12 Zeichen des Zodiak und die Planeten als vermittelnde Kanäle, durch welche das Göttliche sich manifestiert und seinen Willen kundgibt: Alles in der Welt ist Gotteserscheinung und von Christus durchwirkt, die Gestirne und ihre Konstellationen nicht ausgenommen. Wie auch anders, da die göttliche Weisheit, die sich in Christus neu in der Welt offenbart, das „Wort", durch das der ganze Kosmos geschaffen ist! *„Alles ist durch dieses geworden, und ohne dieses wurde nichts, was geworden ist."* (Joh 1,3).

Und im Logion 77 des (apokryphen, also dem „normalen" Bibelchristen vorenthaltenen) Thomasevangeliums heißt es:

„Jesus sprach: Ich bin das Licht, das über allem ist. Ich bin das All. Das All ist aus mir hervorgegangen, und das All ist zu mir gelangt. Spaltet ein Stück Holz: Ich bin da. Hebt einen Stein auf, und ihr werdet mich dort finden."

Wir wissen nicht (so wenig wie in den „offiziellen" Evangelien), ob Jesus das so gesagt hat. Aber wir sehen, dass bereits seiner menschlichen Erscheinung als Person „Christusqualität" zugesprochen wurde: Er ist die Inkarnation des präexistenten Lichts, das alle Schöpfung bis in die letzte Faser durchdringt. Ganz selbstverständlich, da sie durch ihn ja auch hervorgebracht ist (Joh 1,3). Er ist das All und Schöpfer des Alls: Auf Darstel-

Abb. 10
Der präexistente Schöpfer als Wort des Anfangs
(Illustration zur Historia scholastika, um 1410, fol 8r, Vatikan)
Auf allen Blättern dieser 200 Jahre später in Böhmen entstandenen Bildillustrationen zum Bibelkommentar Historia scholastica aus dem 12. Jh erscheint der Schöpfer als jugendliche, freundlich lächelnde und nahezu bartlose Figur, die nicht als rauschebärtiger alttestamentarischer Vatergott (dessen Merkmal ein wallender Bart ist) auftritt, sondern als dessen Verschmelzung mit dem präexistenten Christus, dem „Wort" des Anfangs, logos, der schon immer war und immer sein wird. Hier, am 4. Schöpfungstag sehen wir ihn geradezu als „Kosmischen Christus", der Tag und Nacht scheidet und in einem großen Sternenkreis die großen Lichter, Sonne und Mond erschaffen hat und sich nun selbst darauf freudig und tänzerisch zu bewegen scheint. Auch der innere Himmels-Raum, hell unterschieden vom (nacht)blauen äußeren, ist übersät mit Sternen, und ihr „schmückender" Charakter („Schmuck" = gr. *kosmos*) setzt sich fort im ornamental bewegten äußeren Bildfeld, welches die Szene umgibt. Auffallend ist die Größe der Hände des jünglingsgestaltigen Schöpfers: Die rechte ist zur Segensgebärde erhoben und scheint zu signalisieren, dass er „sah, dass es gut war" (Gen 1, 18)

lungen der Schöpfungsgeschichte vor allem in Buchmalereien sehen wir häufig keinen bärtigen alttestamentarischen „Vatergott" als Weltschöpfer, sondern einen jugendlich-bartlosen Christus (Abb. 10) – der schon immer war und immer sein wird und uns in der Gestaltung (und in den Ereignissen) der Welt sein Antlitz zuwendet.

Auch hier aber gilt wieder, was überall im Bereich des Mythischen, Symbolischen gilt: Was auch immer gesagt und ins Bild gesetzt wird, ist Metapher, Gleichnis, das Unsagbares in sich integriert. Man kann diese Gleichnisse nicht zum Objekt rein rationaler Analyse machen, ohne ihr Geheimnis zu zerstören. Zudem eignet jedem Symbol eine hohe Plastizität und Wandlungskraft: Symbol und Gleichnisse beenden das Gespräch nicht, sondern öffnen den Horizont in eine größere Weite.

Christus, die präexistente Weisheit: Das Charisma des Jesus muss so groß gewesen sein, dass das, was er an neuem Bewusstsein in die Welt gebracht hatte, mit seinem Tod nicht erlosch, sondern als geistige „Auferstehung" weiterwirkte. Sein Leib konnte getötet werden, Geist und Botschaft die in dieser Ausnahmegestalt sich kristallisieren, nicht. Wie ist das zu erklären?

Noch einmal also ins Bewusstsein zu rufen: Zu jedem großen Offenbarer gehören Empfänger, die für genau diese Offenbarung bereit sind. C. G. Jung schreibt dazu: *„Das Christentum ... hätte sich in der antiken Welt nicht mit dieser erstaunlichen Schnelligkeit ausbreiten können, wenn seiner Vorstellungswelt nicht eine analoge psychische Bereitschaft entgegengekommen wäre."* (Hiob S. 92) Bereitschaft für die Botschaft, dass sie alle „Gottes Kinder" sind, „von Gottes Art" – göttlich geistiger Herkunft wie der Offenbarer selbst. Zeitlich in ihrer Leiblichkeit, „pneumatisch", ewig jedoch in ihrer Herkunft, so wie Jesus selbst in einem berühmten Streitgespräch mit den „Juden" (die ihre Auserwähltheit davon ableiten, dass sie die direkten Nachkommen des Stammvaters Abraham sind) sagt: *„Wahrlich, wahrlich ich sage euch: Ehe denn Abraham wurde, bin ich."* (Joh 8, 58) *„Da hoben sie Steine auf, um nach ihm zu werfen. Jesus aber verbarg sich und verließ den Tempel."* (8,59) Um ein Haar also hätte er diese kühne Aussage schon damals mit dem Leben bezahlt.

Dieser präexistente, Kosmische Christus, in dem alle Trennungen und Fragmentierungen aufgehoben sind ist, selbst für heutige, in Bibellektüre Bewanderte, eine Herausforderung.

Wie muss das auf die, die sich als „Verworfene" der Gesellschaft gefühlt hatten und auf die man herabsah, gewirkt haben?

Wieder einmal mache ich einen Sprung zu meiner „Geheimgesellschaft", schaue vor allem auf meine Reprobus-Christophorus-Darstellungen. „Reprobus", der Verworfene, der den „kosmischen Christus" trägt, den, durch den alles geworden ist, den, der in allem ist – auch in den „Verworfenen"!

Was für eine ungeheuerliche, neue Botschaft, die durch die Verbindung von Träger und Getragenem sinn-bildlich wird! Beim Meister von Messkirch (Abb. 5) ruft gar wie der Magier im Tarot das erhobene Ärmchen des Kindes die kosmischen Schöpfer- und Wandlungskräfte herab. Etwas Neues wird in die Welt gerufen und *dass* etwas geradezu Weltbewegendes geschieht, zeigt die enorme Bewegtheit der Mäntel: Der Knirps selbst hat ja einen riesigen Purpurmantel um, der jetzt vom verwandelnden Wind des Heiligen Geistes (der kosmischen Weisheit ...) gebläht wird und Flügel verleiht. Flügelartig und rot, wenn auch etwa heller, ist auch der Mantel des Christophorus, sodass die beiden quasi zu einer einzigen, bewegten Symbolfigur werden ...

Verblüfft stelle ich fest, dass selbst mein Plastik-Christophorus von einem roten Königsmantel umwogt ist – ja sogar mit goldener Innenseite! Wird da der Königsträger selbst zum König? Einer der „hautnah" das „Königreich" in sich erfährt? Und dadurch, vielleicht nur diesen einzigen Moment, die Bedeutung *„Herr über das All"* (Thom. Ev., Lg 2) fühlt? Durch die Kraft einer überwältigenden Liebe, deren Symbolfarbe das Rot ja *auch* ist.

Wenn wir verliebt sind, ändert sich bekanntlich unsere Sicht auf alles und jedes. Plötzlich sind viele Gegensätze aufgehoben, die uns gerade noch als solche erschienen, womöglich auch der Gegensatz zwischen dem „Verworfenen" und dem Königskind. Das ist das Werk des Kosmischen Christus. Des „Geliebten", der die Welt und alles was darinnen ist durch Liebe erschaffen hat, denn Rot ist auch die Farbe der Liebe, die Kraft die alle Gegensätze transformiert, das „Untere" und das „Obere" vereint.

Aber ein Spaziergang ist das nicht, das lehrt uns das Abenteuer des Christophorus. Was er vermutlich für eine „leichte Last" (Mt 11,30) gehalten hat, wird ihm unversehens zum Alpdruck. Was zu Anfang kindlichen Charme verströmte, wird dem Christophorus mit jedem Schritt fremder: Als habe ihn eine fremde, bedrohliche Macht besetzt, ein dämonischer „Aufhock". Das vermeintlich „Kleine" durchzutragen braucht plötzlich Riesenkraft – das ist uns allen bekannt, etwa aus unseren Alltagsnöten. Und es hilft dann nur eines: Dem Alpdruck standzuhalten und weitergehen, durchhalten.

Der „Kosmische Christus" verträgt also keine Schwärmerei – Gegensatzvereinigung bedeutet auch immer eine Begegnung mit etwas Unbekannten, Fremdartigen. Gerade heute wird uns das in Europa drastisch bewusst: Noch nicht lange, und die Flüchtlinge aus den Kriegsgebieten wurden mit Applaus und Freude begrüßt. Doch die Begeisterung war selbst von den Engagiertesten nicht ungebremst aufrechtzuhalten: Zu fremd, zu schwierig erschienen mehr und mehr die mitgebrachten fremden Sitten, und mehr und mehr zeigten sich auch bei den Gutwilligsten beider Seiten die Schatten: Wut, Frustration, nervliche Zerreißproben. Zu einfach, vielfach auch zu idealistisch hatte man sich die Vereinigung der gegensätzlichen kulturellen Eigenheiten vorgestellt, erste harte Reaktionen folgten, erste Unverantwortlichkeiten, viele wollen die Angst vor dem Fremden nicht aus- und durchhalten und flüchten nun in nationalistische Regression.

Und doch: Wer von „Globalisierung" träumt, von einer „versöhnten Vielfalt" der religiösen Parameter, muss auch durch „schweres Wasser" weitergehen, damit nicht *alle* untergehen: Es geht um's Ganze, um einen notwendigen Bewusstseinsschritt in der menschlich-religiösen Entwicklung, und Christophorus könnte ihr Symbol sein. Alle kreative Energie, die von der kosmischen Mitte ausgeht, muss mobilisiert werden. Es muss das Gefühl entstehen, dass gar nichts anderes möglich ist, als mit dieser „fremden" Last weiter zu gehen. Auch in der Begegnung mit dem „Fremdreligiösen" ist mehr denn je schöpferisches und phantasievolles Entwerfen neuer Wege gefragt, *„die nicht mit der Vergangenheit brechen, sondern sie fortführen und erweitern"*, wie Panikkar schon 1990 im *„Neuen religiösen Weg"* mahnte (S. 85). Was für die menschliche Individuation „Schattenintegration" heißt, muss auch auf allen anderen Ebenen, wirtschaftlichen, politischen, spirituellen versucht werden, damit der „Christ" – so er wirklich einer ist – des „Königreichs" ansichtig werden kann: Dieses Königreich das, wie das Christusbild im Kreis der Tierkreisbilder, alle kosmischen Wirkprinzipien in sich eint, so divergent und kontrastreich sie auch sein mögen. Denn wir alle sind *auch als Einzelne Teile einer einzigen Seele, einer Menschheitsseele:* Der „Kosmische Christus" ist ihr „Genius". Wo er „konstelliert" ist, gibt es kein Ausweichen. Er ist unbequem, stellt Ansprüche, bringt in Zwänge. Er erinnert an vernachlässigte Lebensbereiche, denen wir nun Beachtung schenken müssen. Das gilt auch für unseren Umgang mit der Natur, mit der Erde, der Schöpfung insgesamt.

Aber es gibt Chancen: Erinnern wir uns an das, was C. G. Jung über den Archetypus des Kindes schreibt. *„Es personifiziert Lebensmächte jenseits des beschränkten Bewusstseinsumfanges, Wege und Möglichkeiten, von denen das Bewusstsein in seiner Einseitigkeit nichts weiß, und eine Ganzheit, welche die Tiefe der Natur mit einschließt."* (GW 9/I, §289)

Wir können uns also darauf verlassen: der „Drang und Zwang", die „Wehen", in der die gesamte Kreatur auf den „neuen Menschen" wartet (Rm 8, 19f), mobilisiert auch ungeahnte Kräfte und Möglichkeiten. Vor allem aber diese Kraft, ohne die wir keine Zukunft haben: Durch die materielle Erscheinung der Dinge und Ereignisse *hindurchzusehen.* Denn alle Erscheinungen sind letztlich äußere *Epiphänomene geistiger Grundhaltungen,* und es gehört zu den größten Herausforderungen der Menschheit, sich dieser geistigen Grundhaltungen bewusst zu werden und sie fruchtbar, nicht zerstörerisch weiterzuentwickeln.

Christus als Verbindung von Makrokosmos und Mikrokosmos und seine schöpferische Stimme in uns

> *Gott hat uns wissen lassen das Geheimnis seines Willens ...,*
> *wenn die Zeit erfüllt wäre, in Christus alles zusammenzufassen,*
> *was im Himmel und auf Erden ist.*
>
> (Eph 1,9-10)

Die *„erfüllte Zeit"* ist der *„kairos",* also der jederzeit mögliche erfüllte Augenblick, und „Christus" ist uns hier wiederum genannt als das *„vinculum",* als geistiges Band, das Himmel und Erde zusammenbindet, zusammenfasst, vereint, „unter sein Haupt bringt", steht im Griechischen (gr. *anakephalaio).*

So wie ich es verstehe, ist uns damit bedeutet, dass wir das alle leibgebundene Vorstellung übersteigende „Christusbewusstsein" in jenem jederzeit möglichen unmittelbaren *„Kairos*-Moment" erleben können als ein geistiges Durch-Schauen auf die ungeteilte Verbundenheit und kosmischen Einheit von Gott, Mensch und Welt, Materie und Geist, von „Oben" und „Unten", „Himmel" und „Erde", auf die Einheit auch im widersprüchlich Erscheinenden.

Vor mir liegt eine mittelalterliche Buchmalerei (Abb. 11) aus karolinigischer Zeit, auf der die buchstäblich „prinzipielle" Kraft diese Zusammenfassens oder der „Mittlerschaft" des Kosmischen Christus noch einmal auf andere Art zum Ausdruck kommt, als auf dem Tierkreisbild (Abb. 9).

Seine Gestalt verbindet eine größere „obere" Kreisform mit einer sich damit überschneidenden kleineren „unteren": Beide zusammen symbolisieren in ihrer jeweiligen Mehrschichtigkeit die unverbrüchliche Zusammengehörigkeit von „Makrokosmos" und „Mikrokosmos", „großer" und „kleiner". „oberer und „unterer" Welt, deren Verbundenheit bis auf Aristoteles (384-322 v. Chr.) zurückgeht – wenn nicht noch viel weiter zurück in der religiösen Ideengeschichte der Menschheit. Und keineswegs auf Europa, gar auf Griechenland beschränkt. Von der sagenumwobenen „Smaragdtafel" des Hermes Trismegistos (d. h. dreimal Großen), welche die „Geheimlehren" des Altertums zwischen 200 und

Abb. 11
Thronender Christus als Bindeglied zwischen Makrokosmos und Mikrokosmos
(Karolingische Miniatur aus der Bibel von St Aubin, Stadtbibliothek Angers)
Was in der Buchmalerei von St Gallen (Abb. 4) in einer Mandorla zusammengefasst ist, sehen wir hier, ca 200 Jahre früher, noch akzentuiert durch zwei einander überschneidende Kreise. Den Thron Christi scheint der untere Teil des oberen Kreises, Symbol des Makrokosmos zu bilden, der „Schemel seiner Füße" (Mt 5,35) jedoch befindet sich im Zentrum des unteren, mikrokosmisch-Irdischen, d.h. der Erde. Christus ist somit der beide verbindende „Mittler". Die Imagination wird sozusagen beglaubigt durch die Symboltiere der Evangelisten in den Winkeln, sowie durch das „Buch des Lebens", das Christus in der Linken hält, während ihn das lilienbekrönte Szepter in der Rechten als weisheitlich inspirierten Herrscher über beide Sphären ausweist. Interessant ist die vielschichtige Ornamentierung der beiden Kreisbögen, die gemeinsame Elemente aufweisen gemäß der antiken hermetischen Formel: Wie oben, so unten: Was immer von der „oberen", himmlischen Sphäre ausgeht, wird auf Erden Ereignis - und umgekehrt: Wie „unten" auf die makrokosmischen Impulse reagiert wird, hat Auswirkungen auf das Ganze: Es besteht demnach ein stetes Zusammen- oder Ineinanderspiel von „unten" und „oben". Durch die Mittlerschaft des Geistes Christi, die sich im Menschen als Liebes- und Erkenntniskraft manifestiert, wird sie in geistiger Balance gehalten.

100 n. Chr. bündelte, ist der berühmte Spruch überliefert: „*Wie oben, so unten*" – eine Entsprechungslehre, die auch die Grundlage der Astrologie bildet, die, wie schon gesagt, bis zur Aufklärung durchaus auch in der Kirche hoffähig war.

Aristoteles war ein Schüler Platons (427-347 v. Chr.). Von Platon stammt die Sichtweise, dass die irdischen Dinge vor ihrer irdischen Existenz jenseits aller himmlischen Sphären (auch derjenigen der Götter!) vorgebildet würden als „überhimmlische" Ideen, Bilder, die sich dann in der irdischen Welt „realisieren", verwirklichen, dinglich werden (lat. *res* = Sache, Ding).

Was wir als Schöpfung erleben, wirkt demnach zunächst einmal von oben nach unten, wie in der Genesis vorgestellt. Zugleich verleiht das „Obere" dem „Unteren" auch eine ganz bestimmte *Signatur,* die als Verbindung mit der ur-sprünglichen Idee bestehen bleibt. In den biblischen Weisheitstexten gehört diese Gestaltgebung zur Aufgabe der präexistenten Sophia, die somit – wie später „Christus" – ebenfalls die Rolle der Verbindungskraft (*vinculum!*) zwischen oben und unten und allen Gestalten und Ereignissen spielt. Das korrespondiert – auf Menschenebene und Menschenvermögen übertragen – ziemlich genau mit dem, was ich am Ende des letzten Kapitels zur Vorprägung der „Weltdinge" durch geistige Konstellationen bzw. spiritueller Einstellungen sagte. Nehmen wir nur das augenfälligste Beispiel: Was wir als politische und ökologische Katastrophen erleben, hat seine Wurzeln in den persönlichen Einstellungen vieler Einzelner, die sich in der Masse zusammenfinden und gegenseitig verstärken. Auch viele Fehlleistungen im Einzelleben, wo sie, massenorientierten oder kurzsichtigen Blickwinkeln entstammen, haben ihren Ursprung in ungesehenen geistigen Bedürfnissen oder einem „spirituellen Materialismus", welcher der eigenen Berufung (dem *Ruf* der inneren Stimme, die Anschluss sucht an den „Kosmischen Christus") nicht gerecht werden.

Interessant ist, dass solche Vorstellungen – etwas anders benannt – schon seit über hundert Jahren auch in die moderne Physik Einzug gefunden haben. Darin geht man davon aus, dass alle Gestalt, alles Geschehen zunächst nur Möglichkeit, „Potentialität" ist – ein Ausdruck, den auch der Quantenphysiker Hans-Peter Dürr benutzt, wenn er Vorstellungen von dem, was zwischen „Geist" und „Materie" passiert, vermitteln will. Einer seiner immer wiederkehrenden zugespitzten Sätze in Vorträgen war: *„Ich habe 50 Jahre über die Materie geforscht, um herauszufinden, das es sie gar nicht gibt".* Das heißt keineswegs, dass er „der Materie" achtungslos gegenüberstand (wie die zahllosen Mitläufer der „Wegwerfgesellschaft") – im Gegenteil, wie seine Bücher beweisen. Doch für den Quantenphysiker gibt es da keine grundsätzliche Getrenntheit, sondern die „geistigen" Potentialitäten sind zunächst zwar virtuell, „schwebend", bildlos, werden aber von bestimmten „Erwartungsfeldern", die vom Mikrokosmos (auch vom Menschen als ein stark wirkender Mikrokosmos und gedankenloses Gewohnheitstier) ausgehen, geformt. Die Verbindung zwischen „oben" und „unten" ist also *wechselseitig*: Ein *Ineinanderspiel*, dessen Dynamik uns in der „normalen" Alltagswelt sehr selten bewusst ist (am ehesten noch, wenn man, wie ich bei diesem Versuch über unsere religiöse Ideenwelt, seine „Ahnungen", „Winke" und „Zu-Fälle" ernst nimmt ...), die aber nicht nur in „Geheimwissenschaften" wie etwa der Kabbala zeitalterlang lebendig sind.

Auf unserer Buchmalerei sehen wir nun Christus, den „Kosmischen Christus" nicht nur als „Allherrscher" thronen, sondern eben auch als „Mittler" zwischen den beiden Sphären: Der größte Teil des Makrokosmos ist ja dem Menschenblick unsichtbar, wie das, was wir üblicherweise „Gott" (oder „Vater", oder „Geist") nennen auch.

Darum wissen Theologien aller Zeiten auch, dass man von „Gott" eigentlich nicht sprechen kann. Er ist *„ineffabile" (unaussprechlich)* weil er sich jeder bildlichen Vorstellung entzieht, absolut transzendent, „ewig", zeit- und „weiselos", wie Meister Eckhart sagt. Von „Gottes Barmherzigkeit", „Gottes Hand", Gottes Handeln usw. zu sprechen ist demnach ein Unding, weil es Anthropomorphismen auf etwas „Weiseloses" projiziert. (Dass wir im Gemeindeleben trotzdem meinen, nicht auf solche „Anschaulichkeiten" verzichten zu können, ist eine Sache für sich.)

Wir sehen also langsam klarer: Jesus, der „designierte", menschgewordene „Sohn Gottes", der von Gott, dem unaussprechlichen Urgrund, als seinem „Vater" spricht, ist deshalb so wichtig, weil er in seiner transformierten Form als „Christus" zum *Bindeglied* wird zwischen abstrakter, transzendenter Weiselosigkeit und anschaubarer Immanenz des Göttlichen

Abb. 12
Christus als das ewige A und O, Anfang und Ende allen Seins
(Kamen-Methler, Krs. Unna, Margaretenkirche, ca. 13. Jh)
Dieser Christus ist durch die griechischen Buchstaben A und O, den ersten und den letzten Buchstaben des griechischen Alphabeths, als ewige göttliche Weisheit gezeigt, und (im 13. Jh in Norddeutschland nicht ungewöhnlich), nach byzantinischem Vorbild gestaltet. Er illustriert das A und das O aus Off 1,8: „ ... der da ist und der da war und der da kommt". Zwei Engel tragen die Mandorla, deren Mittlerer Streifen grün ist, in der Farbe des Geistes und der Natur. Der Thron des Herrn aller Zeiten ist golden und weckt Assoziationen an die ewige, „hochgebaute Stadt", das himmlische Jerusalem. Damit ist zugleich eine Verschmelzung mit der ewigen Weisheit gegeben, der „Tochter Zion", dem Geisthauch oder der „Geliebten" Gottes, von der gesagt wird, sie sei „schön und unvergänglich" (Weish 6, 13) und „Sie reicht von einem Ende [A] zum anderen [O] und regiert alles wohl." (Weish 7,1). Diese Weisheit ist zugleich der Geist, der durch alles hindurchgeht, alles verwandelt und doch ewig eins und sich gleich bleibt (Weish 7, 24-27). Thron und Aura leuchten als Symbole von Glanz und Unveränderlichkeit der göttlichen Geistkraft in Gold.

in allen Dingen – und so erlaubt, auch von „Gott", vom „Vater" (der in einer anders geprägten Kultur auch „Mutter" genannt werden könnte, vgl. Panikkar, Christophanie, S. 140) zu sprechen. Christus steht in der „Mitte" zwischen Gott und Mensch, ermöglicht die „Transparenz" auf den geistigen Urgrund des Seienden und dessen Angeschlossensein, was dann auch in der theologischen Rede vom „Mittler" zum Ausdruck kommt.

Mittler auch deswegen, wie in der Offenbarung des Johannes gesagt, weil er als „Christus" ebenfalls der „Ewigkeit" (dem unsichtbaren, aber immer anwesenden „Königreich") angehört, wie „Gott" selbst: *das A und das O ... der da ist und der da war und der da kommt.* " (Off.1,8) Er ist unwandelbar und viele Darstellungen des Christus als Weltherrscher tragen die beiden Buchstabe Alpha und Omega, den ersten und letzten Buchstaben des griechischen Alphabets, in dem die Offenbarung des Johannes ja geschrieben ist (Abb. 12).

Wobei ich hier nun auch schon wieder spüre, wie mein Kaleidoskop anfängt zu vibrieren: Wird nicht auch schon im Buch der Weisheit von der Sophia, der „Geliebten" Gottes gesagt, dass sie bleibt, die sie ist und doch alles erneut (Weish 7, 27)? Oder in 8,1, wo es heißt: *„Sie reicht von einem Ende [A] zum anderen [O] und regieret alles wohl".* Ist sie nicht *„aller Kunst Meister"* (Weish 7, 21), und *„geht durch alles hindurch"* (Weish 7,24)? Damit aber ist auch sie als die Schöpferkraft von allem, im Himmel und auf Erden charakterisiert – die später dem präexistenten, Kosmischen Christus zugesprochen wird.

Durch diese ständig oszillierenden Verschiebungen der Grenzen zwischen Schöpfergott, Weisheit, präexistentem und neutestamentarischem Christus entsteht eine verblüffend frische Sicht auf die Trinität und *eine neue Kosmologie* – die für den, der in der Patristik gräbt oder die Visionen des Mittelalters um die Zeitenwende, etwa bei Hildegard von Bingen kennt, eigentlich gar nicht so neu ist, aber vergessen wurde: Oben und unten, Himmel und Erde Makrokosmos und Mikrokosmos, die mögliche und die reale Schöpfung – *alles* ist gottdurchwirkt und auf's Innigste miteinander verbunden – auch wo wir in unserer „normalen" Weltsicht Getrenntheit sehen: Ein starkes Symbol dafür bildet das Zentrum der Eucharistie: Die Hostie, rund, Zeichen der vollkommenen „Großen Ordnung" und Leib Christi, wird zerbrochen und geteilt – und symbolisiert doch in jedem Teil weiterhin das Ganze, das in geistiger Sicht stets das Eine, Unteilbare bleibt. So verbindet die schöpferische Kraft des Kosmischen Christus auch alle Gegensätze und alle Wesen im Universum und ist im kleinsten Blümlein und Würmlein, ja in jedem Körnchen Staub zu erkennen für den, der *schauen* gelernt hat. Alles Angeschaute wirkt aber auch wieder zurück auf den Schauenden, weshalb Schleiermacher sagen kann: *„Alles Anschauen geht aus von einem Einfluss des Angeschaueten auf den Anschauenden, von einem ursprünglichen und unabhängigen Handeln des ersteren, welches dann von dem letzteren seiner Natur gemäß aufgenommen, zusammengefasst und begriffen wird."* (Reden, S. 31)

Resonanz (ein Schwerpunktthema des Soziologen Hartmut Rosa) ist hier vielleicht ein gutes Schlüsselwort: Es gibt sowohl eine starke Wirkung, die vom „Angeschauten" ausgeht, als auch eine Wechselwirkung zwischen dem eigenen Schauen und dem Angeschauten. Wobei die Wahrnehmung des Angeschauten schon vorgeordnet ist und durch den Schauenden wirkt, aber auch zwischen Makrokosmos und Mikrokosmos fortwährend als lebensvolles, alles durchwirkendes *dynamisches Prinzip* tätig ist, das Gott, Welt und Mensch *„kosmotheandrisch"* (Raimon Panikkar) miteinander verbindet und die Kraft hat, von einem Augenblick zum anderen *Verwandlungen* hervorzubringen: In der Sprache des christlichen Glaubens ist das *„Christus"*, der *Kosmische Christus"*, der *„Christus in uns"*, die Kraft von Glaube, Liebe und Hoffnung (1.Kor 13,13), die „Wunder" tun kann: Verwandlungen bewirken, welche scheinbar zwingende Abläufe durchkreuzen. Das entspräche, psychologisch gesehen, vielleicht jener Erkenntniskraft in uns, die auch unseren Blick auf das Ganze radikal zu verändern vermag und in den Hintergrund einer neuen Dimension zu öffnen.

Der Christophorus des Meister von Messkirch: Immer erstaunlicher wird mir seine Wirkung auf mich:

Hat sich der „kosmische Christus" seiner als Medium bedient, um in mir mit diesem Blick, dieses Angeschautwerden, genau diese (vielleicht) wunderwirkende Resonanz wachzurufen? Wenn ja: völlig klar, wer hier Regie führt: Der wunderbare Verwandler, der sich den Spaß erlaubt hat, hier als göttliches Kind sein Spiel zu treiben zwischen „transzendenter" und „immanenter" Weisheitsstimme. Das Spiel der Weisheit, unseres seelenführenden „Geliebten", ja, warum nicht „Christus in uns" …

Sicher ist: *Christophorus* weiß von dieser Begegnung an, was er zu tun hat, und sein Blick rät dem „Anschauenden" und „Angeschauten" eindringlich, sich ebenfalls auf die Stimme, Blick oder Ruf, einzulassen.

Und ich ahne, dass das weitreichende Konsequenzen auch in meinem Verhältnis zur Welt hätte, die mir oft genug schwer erträglich vorkommt. Denn so lange ich sie nicht mit liebebereiten Augen anschaue, wird sie auch nicht mit solchen zurückschauen. Allein die Liebe verwandelt, das liebevolle Anschaun und Gewahrsein auch der oft durch unseren harmoniebedürftigen „Normblick" verdeckten, unansehnlichen Erscheinungen. Die bewusste Zuwendung zu dem, von dem ich erst einmal am liebsten wegsehen, weghören möchte. Denn die verwandelnde Stimme der göttlichen Weisheit, „Christus" spricht ja durch *alles*!

Tief beeindruckt hat mich gerade erst ein Bericht über die Arbeit einer kleinen, jesuitischen Gemeinschaft, die beschlossen hatte (wie einst die „Mystikerin der Straße" Madeleine Delbrêl, 1904-64) das Leben von „Randexistenzen", die wir gern im Vorbeigehen „links liegen" lassen, zu teilen, Gott zu finden *„in der Armut des banalen Lebens"* (Delbrêl). Mit ihnen in einfachsten Unterkünften zusammen zu sein, ja mit ihnen auf der Straße zu leben: Als jesuitische Exerzitien. Der Ausgangspunkt: Die Geschichte von Mose am Berg Horeb, wo er einen brennenden Dornbusch sah, der darin nicht verbrannte. Vielmehr mahnte ihn eine göttliche Stimme: *„Leg deine Schuhe ab! Hier ist heiliger Boden"* (Ex 3,5, vgl. Herwartz, *„Auf nackten Sohlen"*). Und die berliner Gruppe kam dabei zu der Erkenntnis, dass – mit den Augen der Liebe betrachtet – überall *„heiliger Boden"* ist, am Straßenrand und im Straßenlärm bei den Obdachlosen. Heiliger Dornbusch auch im Gestrüpp, unter dem sie schliefen. Man kam sich nah, redete oder schwieg miteinander, man lernte, vermittelte Achtung, Würde des „Angeschautwerdens", erfuhr selber Verwandlung.

Auch wenn es nun sicherlich nicht jedermanns Aufgabe ist, sich solchen Exerzitien zu unterziehen, eines leuchtet aus allem, was der Jesuit Herwartz tut, erzählt, anstößt: Sowohl für unser persönliches Leben als auch kosmologisch auf das große Ganze gewendet wäre unser aller Aufgabe, auf die Stimme aus dem Dornbusch (Ex 3,5), der göttlichen Weisheit (Spr 8) oder des Kosmischen Christus, der alles durchwaltet, zu lauschen und: Unser Verhalten in der Welt danach auszurichten!

Denn durch eine neu verstandene Kosmologie, in der nicht mehr „oben" von „unten" getrennt ist, „Höheres" von „Niedrigem", sondern alles mit allem verbunden, wird plötzlich die große *Verantwortung* deutlich, die *der Mensch* gegenüber allem und jedem in der Schöpfung hat: Nichts, was er tut, ist mehr belanglos, unser Verhalten, unsere innere Einstellung wirken in die feinsten Verästelungen des Seins und Daseins hinein und – haben verwandelnde Kraft. Eine Erkenntnis, die wir längst schon haben könnten durch die globalen Vernetzungsprozesse, aus denen sich niemand mehr herausmogeln kann. Wer skrupellos ausbeutet zu (scheinbarem) eigenem Gewinn, schadet nicht nur dem Ganzen, sondern die Schatten fallen letztlich wieder auf ihn selbst zurück. Andererseits kann unser aufmerksames, anteilnehmendes Hinschauen und Annehmen, das Bewusstsein, auch im Lärm der Städte überall „heiligen Boden" unter den Füßen zu haben und innerlich „die Schuhe auszuziehen" vor den Gestrandeten, nicht stromlinienmäßig Angepassten („Christus"-) Impulse in die Welt bringen, die bisweilen kleine Wunder wirken.

In der Kabbala, der jüdischen Mystik, besteht die Auffassung, dass alles, was der Mensch tut, *auf das Wesen des Göttlichen zurückwirkt.* Wird der Mensch achtlos in seinem Umgang mit der konkreten Materie, so verstopfen die Kanäle zwischen den verschiedenen „Abglänzen" (den *Sephirot* oder auch Vermittler-Sphären zwischen Makrokosmos und Mikrokosmos) und Mensch und Erde verfallen der blinden Zerstörung. Man braucht nicht besonders durchgeistigt oder hellsichtig zu sein, um zu sehen, wie weit wir darin schon weit fortgeschritten sind.

Auf jeden Fall sehen wir: Die Anschauung von der Wandlungskraft des „*Kosmischen Christus*", egal unter welchem Namen, mit welchen Bildern, ist so brandaktuell, dass es höchste Zeit wäre, sie auch in die *gelebte,* und nicht nur kirchlich ritualisierte Praxis mit einzubeziehen und zu thematisieren. Ansätze und Zeichen sind durchaus schon da.

TEIL V

*Das, was wir empirisch diesem Bilde [Christus] als grundlegend erfahren
können, ist … die Ahnung eines Menschen, größer als unser Ich, …woraus
wir schließen können, dass diese Figur dem … Gottsohn [entspreche] oder der
Verdeutlichung Gottes in Gestalt eines Menschen. **Der größere Mensch (das
Selbst) wird nicht identisch mit dem empirischen Menschen …
Das Selbst wird nur zu einem bestimmenden Faktor.***

C. G. Jung, (Briefe III, 2. 1. 57, S. 70, Hervorhebung B. R.)

Der „persönliche Gott" und die Aufgabe des Menschen

Nicht nur Jesus, auf den wir den lebendigen Archetypus des Christus projiziert haben sondern jeder Mensch, ja *„jedes Wesen ist eine Christophanie"*, schreibt Raimon Panikkar (in „Der Weisheit eine Wohnung bereiten" S. 187). Und jedes Ereignis ist Gottesereignis – was sollte es auch
sonst sein? Wo ist denn unser Ursprung? Auf die Gefahr hin mich zu wie-
derholen: Kosmischer, ja göttlicher Herkunft ist der Mensch und sollte
sich dessen schleunigst bewusst werden: *„Genos oun hyparchontes tou theou"*
(Apg 17,29) – wörtlich: unserer (gezeugten!) Herkunft nach sollen wir
das *„anfänglich Göttliche zur Erscheinung bringen"*, Hyparchontes werden.
Wir sind Wirkungen des Kosmischen Christus! Dessen müssten wir uns
bewusst werden. *„Gott wurde Mensch"* heißt dann *nicht,* dass sich das Göttliche im Jahr 4 oder 3 vor unserer christlichen Zeitrechnung erst entschlos-
sen hat, in einen Menschen namens Jesus „herabzusteigen". „Gott" war ja
schon längst da! „Gott wurde Mensch" heißt vielmehr (auch hier wiederhole ich mich), dass damals eine beträchtliche Anzahl von Menschen sich
dessen *bewusst* wurde, was sie ihrer *„größeren Natur"* und ihrer kosmischen
Herkunft nach sind. Für sie wurde in Jesus ein uralter Traum vom „Menschensohn" in seiner vollendeten Möglichkeit exemplarisch manifest:
Auch als einem, der sie immer und immer wieder zu der Erkenntnis aufforderte, dass *sie selbst* mit diesem göttlichen Ursprung (und der entsprechenden Verantwortung,) gemeint seien: *„Ihr seid Götter"* (theoi iste) heißt
es in Joh 10, 34, über das *Selbst* angeschlossen an das höchste Geheimnis.
Und der Prozess in dieser eigentlichen Bewusstwerdungs-Verwandlung, zu

dem Jesus die „Bahnung" eröffnet hat, muss weitergehen, sodass immer mehr Menschen erkennen, dass sie „berufen" (*ekklesiastes*) sind, „Gott", „Gesalbte" (Christus, Messias) auf eine ganz persönliche Art und Weise zu sein und sich auf die Führung durch ihr höheres Selbst, ihren „größeren Menschen" zu besinnen, so wie unser „Daimon" oder „Christus in uns" es uns als *bestimmender Faktor* auferlegt. Gegen alle moralischen Zeigefinger der Glaubenswächter, die uns weismachen wollen, „Nachfolge Christi" bestehe im braven Nachbeten ihrer Anweisungen – so großartig und inspiriert gefasst die auch immer sein mögen – gilt es, den schlafenden „Geliebten" in der Tiefe, der eigenen und der Tiefe des Universums, aufzufinden – und durch seine Führung Menschlichkeit in ihrer bestmöglichen Form zu leben.

Wenn *alles* in der Welt „Offenbarung" ist, *alles*, in der gesamten Schöpfung miteinander resonant ist und seiner „Erlösung" (Rm 8,19) harrt, hat darum ein wirklicher „Christ" auch die Aufgabe, Bewusstsein dafür zu entwickeln, dass „Geist" und „Materie", „göttlich" und „irdisch" nicht trennbar sind, auch „heilig" nicht in „heilig" und „unheilig" spaltbar. Jesus hat sich ausdrücklich der Schwachen, Armen, Kranken, von der Gesellschaft „Verworfenen" angenommen. Davon aber sind wir, von wenigen löblichen Ausnahmen abgesehen, weit entfernt, weil wir die Welt „entgöttert" haben und mit Surrogaten überzogen. Wobei man selbst diesen – konsequent gedacht – ihre Würde lassen müsste.

So muss jeder letztendlich seinen ureigenen spirituellen Weg finden, so weit ihm möglich im Einklang mit dem Kosmos, der „Urordnung", die schon immer war und unablässig schöpferisch neue „Offenbarungen" aus sich entlässt. Und die Rede vom *persönlichen Gott* des Christen bedeutet in erster Linie, *selbst Person zu werden*. „Person", durch die Gott hindurchtönen (lat. *personare*) kann, in Resonanz mit der Kraft, welche die Trennung zwischen „Himmlischem" und Irdischen überschreiten und aufheben kann. Für mein tägliches Leben heißt das: Wenn ich wissen will, was zu tun ist (was „Gott" von mir will), kann ich mein „Bildnis im Herzen" (das „Selbst", den „größeren Menschen") um Rat fragen, ob es übereinstimmt, mit dem, was ich tun will. Wirklich „erlöst" bin ich allerdings erst dann, wenn ich nicht mehr abhängig vom Gelingen oder Nichtgelingen innerhalb der Regeln dieser erfolgsfixierten Welt, sondern wenn mein

„Gewissen" in Übereinstimmung (*syneidesis*) ist mit dem persönlich-im-
manenten Inbild, das seinerseits wiederum angeschlossen ist an den „größeren Menschen" und das transzendente Schöpfungszentrum des Kosmischen Christus in Makrokosmos und Mikrokosmos.

Ich höre unwilliges Rumoren. „Immer diese dilettantischen Amateur-
theologen"... Aber ist Religion denn eine Arena für „Theologen" (Leute,
die akademisch *über* „Gott" theoretisieren), oder ist sie etwas, was *jeden
Menschen* „unbedingt angeht" (Tillich)? Ja, seine spirituelle Mitte bildet?

Ist es nicht eher so, dass solche abschätzige Einstellung derer, die Theologie als Herrschaftswissen betreiben, ein Hängenbleiben in festgemau-
erten Vorstellungen zeigt, und dass es gut wäre, diese zu verflüssigen? Dass
das Wissen, *selbst* eine „Filiale" des pulsierenden Herzens, der schöpferischen Mitte die der „kosmische Christus" für das große Ganze ist, in sich
zu tragen in der Gestalt einer leicht überhörbaren, bescheidenen, aber wegleitenden Stimme des „Selbst", als persönlichem „Christus in uns" – dass
dieses Wissen in den meisten erst noch geboren werden muss? Und dass selbst
die, die es bereits „geschmeckt" haben, die hin und wieder ein Flügel der
Weisheit, des Heiligen Geistes (der unentwegt zwischen allem und jedem
unterwegs ist) gestreift hat, Halt und Hilfe brauchen, dieses Bewusstsein
lebendig zu halten?

Im Prinzip müsste das eine wunderbare Aufgabe für die Kirche sein!

Aber leider scheint es unter den „Fachleuten" so viele zu geben, die
zwar perfekte Dogmenkataloge aus allen je abgehaltenen Konzilien oder
Synoden im Kopf und in den Herzen haben, Leute die wissen, dass „Christus" und „Messias" „der Gesalbte" heißt und die „gesalbt" die Bibel zitieren können – und so wenige, die *den Menschen selbst* als Mysterium würdi-
gen. „*Wir sind selbst Gesalbte, was aber nützt das, wenn wir es nicht wissen?*"
(Matthew Fox, Vision vom Kosmischen Christus, S. 204).

Das Problem ist, dass wir nach wie vor „Gott", „Jesus" und „Christus"
in feste Bilder und Begriffe einzementiert haben, auch wenn sie inzwischen
„moderner", zuweilen allzu gefällig eingekleidet daherkommen. Aber –
und damit kehre ich zurück zu meiner Leitidee des Anfangs – *„wenn wir
dem Symbol einer religiösen Idee eine zu feste und starre Form geben, so verdrängt es die Idee, die es stützen sollte,"* sagt uns der Inder Tagore.

Mit dieser Einsicht aus seinem Büchlein „Flüstern der Seele" (das in seinem winzigen Format (9 auf 6 cm) immer auf meinem Schreibtisch liegt und somit gewissermaßen zu meiner „Geheimgesellschaft" gehört) habe ich die Spurensuche nach dem, was „Christus" symbolisiert begonnen.

Christophoros, meine innere Stimme (oder mein seelenführender „Daimon") und mein kaleidoskopisch spielender Blick haben mir dabei eine Fülle von Möglichkeiten und Bildern gezeigt.

Essentiell für das religiöse Verständnis hat sich mir jedoch in der Wahrnehmung ein Bild von einer Art *Austauschbeziehung* eingestellt, die innerhalb eines vielfarbigen, vielschichtigen Spielraums sozusagen zwei Pole hat, gleichermaßen „immanent" wie „transzendent". Oder in den oben zitierten Worten C. G, Jungs, im „empirischen Menschen" und im „größeren Menschen" oder „Selbst".

Ein Traum, den C. G. Jung in seinen Erinnerungen weitergibt, macht das wunderbar anschaulich:

> *„In jenem frühen Traum befand ich mich auf einer Wanderschaft. Auf einer kleinen Straße ging ich durch eine hügelige Landschaft, die Sonne schien, und ich hatte einen weiten Ausblick rungsum. Da kam ich an eine kleine Wegkapelle. Die Tür war angelehnt, und ich ging hinein. Zu meinem Erstaunen befand sich auf dem Altar kein Muttergottesbild und auch kein Cruzifix, sondern nur ein Arrangement aus herrlichen Blumen. Dann aber sah ich, dass vor dem Altar, auf dem Boden, mir zugewandt, ein Yogin saß – im Lotus-Sitz und in tiefer Versenkung. Als ich ihn näher anschaute, erkannte ich, dass er mein Gesicht hatte. Ich erschrak zutiefst und erwachte an dem Gedanken: Ach so, das ist der, der mich meditiert. Er hat einen Traum, und das bin ich. Ich wusste, dass, wenn er erwacht, ich nicht mehr sein werde."* (S. 326)

Jung selbst interpretiert seinen Traum so:
Der Yogin ist eine Metapher seines präexistenten „Selbst", seiner unbewussten inneren Ganzheit, die dem Ichbewusstsein immer bis zu einem gewissen Grad fremd bleibt, da sie eben auch „das Fremde" mit einschließt. Dieses in einem sozusagen transzendenten, „jenseitigen" wurzelnde Selbst, das unseren inneren Daimon, unsere Entelechie versinnbildlicht, *„nimmt*

menschliche Gestalt an, um in die dreidimensionale Existenz zu kommen, wie wenn sich jemand in einen Taucheranzug kleidet, um ins Meer zu tauchen. Das Selbst begibt sich der jenseitigen Existenz ... In der irdischen Gestalt kann es die Erfahrungen der dreidimensionalen Welt machen und sich durch größere Bewusstheit um ein weiteres Stück verwirklichen. " (ebda)

Für mich bieten Traum und Trauminterpretation eine schöne Lösung für das Rätselwort, dass „Gott in Jesus Mensch geworden" sei. Um es salopp zu sagen: Der Mensch Jesus ist sozusagen Christi Taucheranzug. Und die bewusste leibliche Existenz eines jeden von uns ist ebenfalls solch ein Taucheranzug.

Zugleich ist klar, dass im Menschen Jesus – ebenfalls wie in jedem von uns – ein „Christusbewusstsein" die eigentlich führende Instanz ist, falls wir uns eingestehen können, dass unser Ichwille nur ein „Stüpfelchen" (Angelus Silesius) innerhalb unserer inneren Ganzheit ist, die nach Verwirklichung strebt. Und um den Absichten dieses vorgegebenen Selbst nicht entgegen zu arbeiten, müssen wir immer und immer wieder unsere ichhaften Absichten zugunsten dieser „höheren Weisheit in uns" opfern (was ich als Teilaspekt der mythischen Opfer-Drastik der Kreuzigungstheologie verstehen könnte.) Dabei kann hilfreich sein zu durchschauen, dass der „Ich-Komplex" ein durch unsere Sozialisation oder Prägung aufgebautes Ich-Konzept ist, das sich wesentlich an den Erwartungen gebildet hat, die im Laufe unseres Lebens an uns gestellt wurden.

Unsere persönliche innere Weisheit oder Ganzheit, unser „Selbst" dagegen steht als eine Art „Mikrokosmos" in unmittelbarer Beziehung zu einer das gewordene Realitätsbewusstsein weit überschreitenden, („transzendenten"), unbegrenzbaren „makrokosmischen" Wirklichkeit, symbolisiert durch die Symbolbilder des Kosmischen Christus bzw. der göttlichen Weisheit, die „allenthalben" ist „von einem Ende zum anderen" reicht und alles wohl regiert (Sir 23, 8-9).

Durch dieses mehrfache Beziehungsgefüge erfährt nun auch das Schlüsselwort, der zentrale Kern alles sichtbar und unsichtbar In-Beziehung-Stehenden zusammenfassbar im Schlüsselwort (nicht nur) dieser Religion (die kein „Monopol" darauf hat) eine andere Perspektive: *Liebe* als *integrative*

Qualität der Beziehung und Gespür uranfänglicher Verbundenheit von allem mit allem, die ihr Ziel und Vollendung *(telos)* findet in einer immer wieder neu zu erhoffende „Entelechie" oder „Wiederherstellung des Ganzen" (Apg 3,27), einer Versöhnung der Gegensätze sowohl auf persönlicher als auch auf kosmischer Ebene.

Auch wenn wir uns im Alltag dessen nicht bewusst sind, leben wir immer in mehreren Dimensionen zugleich: „Christus" ist das beziehungschaffende *„vinculum"*, das Band, der archetypische Faktor, uns dies immer wieder – wenigstens augenblicksweise – transparent zu machen.

Ich sehe den Blick meines Christophorus des Meister von Messkirch und frage, ob ich mit diesen Erkenntnissen auf der richtigen Spur bin. Er lässt mich nicht aus den Augen, der Blick durchbohrt mich geradezu, als ob er sagen wollte:: *„Erkenntnis" hin oder her – was zählt, ist allein die direkte Erfahrung, wie sie mich jetzt mit aller Macht erwischt hat, und die nie ein für allemal „erledigt" ist. Denk an den grünenden Palmbaum, die schöpferische, unzerstörbare Kraft in der Natur und ihre Mysterien! Endlose symbolische Bilder, Gleichnisse, Träume und Geschichten sind möglich – hör nicht auf, sie weiter zu träumen und neue zu erzählen! Vom Hörensagen bekannte, selbst erlebte oder selbst erfundene, um euren spirituellen Eros zu stärken und auszuweiten! Nie dürfen sie in einem einzigen Bild erstarren und das Monopol auf die einzig richtige Wahrheit beanspruchen! Schließlich geht es um ein Symbolbild, das Alles miteinschließt! Auch das Zweideutige, auch die Natur, welche die Evangelien so stiefmütterlich behandeln!*

Die verborgene Dimension

Im Prinzip müsste nach dem Gesagten klar sein, dass die Erfahrung eines „Kosmischen Christus" als eines weitgespannten Eros nicht beschränkt sein kann auf eine einzige Religion namens „Christentum". Die symbolische Weite dieses Namens darf nicht eingezwängt werden, denn *„nicht nur Kulturen, sondern auch Religionen ersticken, wenn sie in sich selber eingeschlossen verharren."* (Panikkar, Christophanie, S. 100)

Und selbst in der Apostelgeschichte ist vermerkt, dass Gott auch in den vergangenen, vorchristlichen Zeiten trotz den jeweils eigenen religiösen Wegen der einzelnen Völker nicht „unbezeugt" blieb (Apg. 14, 16-17). *„Es ist in der Tat nicht notwendig, dass der Name des Herrn Christus ist oder dass* *er unter diesem Titel bekannt wird"*, schreibt Raimon Panikkar in der Einleitung zu seinem Buch über den *„Unbekannten Christus im Hinduismus"* (S. 23). Aus unserem „christlichen Christusbild" bleiben aber die Gottesvorstellungen der anderen Völker ausgeschlossen, vor allem, wo dort Naturmystisches mit hineinspielt: Die singuläre Geist- und Lichthaftigkeit, die entsinnlichte Reinheit „unseres" Christus darf keinesfalls in Frage gestellt werden.

Vor allem letzteres ist der Punkt, an dem ich merke, dass mein innerer „Geliebter" noch keine Ruhe gibt. In der „normalen" Kirchensicht auf Christus ist etwas in den Hintergrund geraten, ohne das mir die Rede von der „Fülle des Lebens" steril und blutleer vorkommt. In einer wegen Umfang und Bildkosten unveröffentlichten Arbeit habe ich dieses Etwas den *„Geist der Erde im Christentum"* genannt. Einiges davon ist in meine Bücher (über die *„Schwarze Madonna"*, über Sophia und die evangelische Mystik und zuletzt in *„Ohne Maria kein Christus"*) eingeflossen.

Wenn nämlich der „Kosmische Christus" wahrhaft „kosmisch" sein soll, muss auch die *Erde,* dieses große Geheimnis, mit einbeschlossen sein. Der *„filius macrocosmi"*, Sohn der Weisheit, Sohn des Himmels *und* der Erde, *„lapis"* der Alchemisten, der „im Dreck gefunden" wird, offenbart auch die *Welt* als Manifestation des Göttlichen. In der Sicht vieler Mystiker eignet dem Weltlichen, ein Status der Heiligkeit. Doch davon wollen die besonders Frommen nichts wissen. „Christus" ist für sie reiner Geist, reines Licht – aber auch das Licht hat sein dunkles Geheimnis: Paradoxerweise kann, physikalisch gesehen, sich überlagerndes Licht Dunkelheit wirken: *„Wo Lichtwellen sich kreuzen kann es sehr hell oder sehr dunkel sein"*, hörte ich den Physiker Hans-Peter Dürr bei einem Vortrag am 18. 11. 04 im Stuttgarter Hospitalhof sagen. Muss also nicht der *ganze Christus* auch das *dunkle Licht* sein? *„Psychologisch liegt der Fall insofern klar, als die dogmatische Figur des Christus von solcher Vorzüglichkeit und Makellosigkeit ist, dass alles andere von ihm verdunkelt wird"* (Jung, GW 9/II, § 77).

Interessanterweise aber hat Christus sogar einige Symbole mit dem Teufel gemeinsam, welche da sind: Löwe, Schlange, Adler und Fisch, ja sogar den Morgenstern (lat. *lucifer* = Lichtträger!). Christus ist also nicht nur das Licht, das die Finsternis nicht „ergriffen" hat, sondern auch das

Licht, das uns gegeben wird, um auch das zu durchleuchten, was uns dunkel, undurchdringlich, vielleicht sogar gefährlich dünkt und die vielleicht verborgenen Kräfte darin zu erkennen. Dazu passt die sowohl psychologisch wie symbolisch belegte Wahrheit, dass es zur Auseinandersetzung mit den gefährlichen Mächten der sogenannten Finsternis nötig ist, selbst (in Maßen) solche Eigenschaften anzunehmen. Gegen einen Aggressor, der mich vergewaltigen will, darf ich alles an Gegenaggression mobilisieren, was mir zu Gebote steht um ihn in seine Schranken zu weisen. Zeus, der Lichtgott, bot gegen Typhon alle Ungeheuer der Unterwelt auf, Apoll konnte sich in einen Wolf verwandeln, und Athene, Wahrerin der Ordnung, trägt ein Schild oder Emblem mit dem Antlitz der verschlingenden, schlangenhäuptigen Gorgo. Ähnliches im christlichen Bereich finden wir beim Erzengel Michael, der bekanntlich einiges mit den luziferischen und unterweltlichen Mächten zu schaffen hat.

Eine besonders drastische Darstellung habe ich in meiner Engel-Sammlung in einer Darstellung aus Malta bei Kalamata (Griechenland, Abb. 13) gefunden: Der aus byzantinischer Tradition (Ende 17. Jh) stammende Engel trägt Embleme der „verschlingenden Unterwelt" nicht nur (wie Athene), vor Brust und Leib, sondern gar in den Achselstücken. Und ein nicht ganz so drastisches Beispiel gibt es etwa in Ottobeuren, wo Michael einen ganzen Gürtel mit Fratzen und Fratzen als Knieschützer trägt.

So zeigt sich bei genauem Hinsehen auch Christus, der „das Böse" durch seine unbeugsame Haltung entlarvte, der „ergrimmen" kann (Joh 11,33), der die Händler aus dem Tempel treibt (Matth 21, 12), der gar fähig war, ungefährdet zur Hölle hinabzusteigen, als ein überaus bewegliches „*vinculum*" oder Band, das *alle* Erscheinungen – wie im Himmel so auf Erden und gar in der finsteren Unterwelt – zu verbinden und in sich zu versöhnen, auch die einander scheinbar widerstrebenden. Die Weisen des Alten Testaments wussten noch, dass „der Herr" alles schafft: Licht und Finsternis, Frieden und Unheil (Jes 45,7), und der Mystiker Jakob Böhme (1575-1624) schrieb in seiner „Christosophia": *Denn „Gott ist alles. Er ist ist Finsternis und Licht, Liebe und Zorn. Aber er nennet sich allein Gott nach dem Lichte seiner Liebe."* (Christosophia S. 7) Statt „Gott" könnten wir hier auch „der Kosmische Christus" sagen, und die „Liebe" haben wir gesagt, ist ein schöpferischer Eros, in dem alles mit

Abb. 13
Erzengel Michael
(Byzantinische Ikone, Malta bei Kalamata, Ende 17. Jh)
Eine Gestalt zum Fürchten - so stellt man sich im allgemeinen einen rettenden Erzengel nicht vor! Eher
hat man das Gefühl, einen aus den Scharen des Unterweltsfürsten vor sich zu haben, dessen fressendes
Antlitz er auf Brust und Leib trägt. Auch die nach vorn schielenden rotäugigen Schulterstücke sind nicht
dazu angetan, zu beruhigen. Doch vergessen wir nicht: Michael („Wer ist wie Gott"?) hat nicht nur einst
Luzifer, den anmaßlichen Lichtengel mit seinen Scharen herabgestürzt. Er ist es auch, der an der Pforte der
Unterwelt wacht und das Abgründige in Schranken zu halten hat. Das kann mit lieblichem Engelsgesang
nicht gelingen. Wer den Schrecken des Abgrunds abgrenzend begegnen will, muss auch genauestens mit
ihnen vertraut sein - und sich selbst etwas von deren furchterregenden Gebärden zueigen machen, so wie
Athene, auch Göttin der Krieger, ein Schild mit dem Abbild der furchterregenden Gorgo am Gürtel trägt.
Wir begegnen hier einem mit unseren moralischen Gut/Böse-Schemata nicht zu erfassenden Mysterium,
das auch in den tiefsten Tiefen unserer Psyche verankert ist. Der starke Blick im dunklen Antlitz des
Erzengels (vielleicht auch das Spruchband) scheint uns jedoch zu sagen, dass auch drastische Mittel im
Licht der transrationalen Sphäre bisweilen notwendig sind. Michael tritt in der Ikonographie zuweilen auch
als Hüllform Christi auf.

allem verbunden ist, auch Erscheinungen, die wir als Polaritäten und Paradoxa erleben.

Und da sitzt der Haken: Wenn wir „Christus" sagen, meinen wir, etwas begriffen (= im exklusiven Besitzgriff) zu haben, was ein-deutig ist. Doch „tausendnamig" ist die Wandlungskraft *Mercurius* der Alchemisten, und auch „Christus" kann uns in tausenderlei Erscheinungen begegnen, nicht nur der theologisch und ikonographisch festgezurrte. Etwas „stimmt" nicht mit unseren festgeschraubten Vorstellungen. In meinem inner-sten *„sensus"* in der Herzgrube spüre ich Widerstand, meinen wegleiten-den Genius befällt immer stärker eine gewisse Lustlosigkeit. Eine Lustlo-sigkeit, die mich eben jetzt mit besonderer Heftigkeit heimsucht, als ich meine Spurensuche mit dem Kapitel über den „Kosmischen Christus" für abgeschlossen erklären will. Es hat sich für mich immer noch keine Emp-findung eingestellt, die auf der Gefühlsebene Begeisterung, ein Knistern, ja Freude erregt hätte. Irgendwie bleibt mir die „Chiffre" noch blutleer, im weißen, makellosen Heiligengewand wie der ausdruckslose „Herr Jesus" auf Fleißbildchen im Kindergottesdienst.

Ich komme nicht weiter, gerate in eine immer stärker werdende unter-schwellige Spannung, Unruhe und Erregung, die nicht nur vom äußeren Sommerlärm herrührt.

Um irgendetwas zu tun, fange ich an, das zu tun, was die Psychologen „agieren" nennen, nämlich mechanisch einen Bücherstapel auf dem Käst-chen neben dem Schreibtisch abzutragen. Dabei stoße ich auf ein Tage-buch von 2002, das ich nicht weggeräumt hatte, weil es einen wichtigen Traum enthält, den ich noch einmal genauer anschauen wollte, aber inzwi-schen wieder völlig vergessen hatte.

Jetzt spielt ihn mir der rettende Zu-Fall wieder zu. Der Traum stammt aus einer Zeit, in der ich mich intensiv mit der verdrängten *Erdseite* im Christentum befasst hatte. Überall auf Reisen hatte ich mich in roma-nischen und gotischen Kirchen gefragt, was es mit diesen oft schreckener-regenden sogenannten „Grotesken" (wie sie auch den Gürtel des barocken Michaels schmücken), „Blattmasken" oder „Laubköpfen" auf sich hatte. Die damals kunsthistorisch vorherrschende Einordnung, es handle sich durchweg um „apotropäische", also unheilabwehrende Gestalten, konnte ich nur halbwegs nachvollziehen, da sich solche „Blattgesichter" sehr häufig auch im Kircheninnern und oft an prominenten Orten, etwa Kapitellen fanden. Immer wieder sogar mit außerordentlich schönem, ja inspiriertem Gesichtsausdruck (Abb. 14) – ein Blick aus einer anderen Welt ohne Bigotterie ...

Abb. 14a und 14b
Der „Grüne Mann"
Die Christuskraft durchdringt mit ihrem Geist alles Irdische, um es dadurch von seiner Befangenheit in sich selbst zu befreien. Das zu erkennen gehört zu den Aufgaben des Menschen. Bildlich gefasst worden ist diese „Durchlichtung" der Natur in frühen Kirchenbauten. Oft an architektonisch „besonderen" Stellen, etwa Kapitellen wie in Markgröningen (Abb. 14b) oder als Schlusssteine, von denen sie auf den Menschen inspirierend herabblicken wie in Le Mans (um 1240, Abb. 14a). Hier ist das wunderschöne „Blattgesicht" zusätzlich umrahmt von drei Engeln gleich der Glorie der Dreieinigkeit, was seine Zugehörigkeit zur „höheren Sphäre" zeigt. Es ist also kein erlösungsbedürftiger Naturgeist, dem wir hier begegnen, sondern im Gegenteil Symbol einer Geistkraft, die das Immaterielle, die österliche, alles belebende „Grüne" (Hildegard von Bingens „viriditas") sinnenfällig machen soll. Grün ist die Farbe des Heiligen Geistes. Ist es Zufall, dass sich in der 1297 geweihten Heilig-Geist-Kirche in Markgröningen, (früher „Grüningen"!) ebenfalls einzigartige Blattgesichter finden? Sie war Spitalkirche - vielleicht wusste man dort noch von der geistdurchwirkten Heilkraft der Natur! Einer der schönsten Laubköpfe schaut mit einem klaren und freundlichen Blick, welcher der Blick Christi selbst sein könnte, auf die heilsuchende Gemeinde, womit er die Grenze zwischen Natur und Menschenmöglichkeit zugunsten eines weiträumigeren Wirklichkeitsbegriffs überschreitet.

Durch diese Erinnerung kommt etwas in mir ins Vibrieren, der Traum elektrisiert mich geradezu, stellt die vermisste beglückende Resonanz her: Ja, da ist es wieder, was mir gefehlt hat! Das Christuswesen des Jesus hat sich ja in voller Absicht mit der *Erde* verbunden! Nicht um sie heroisch zu „überwinden" und als Jammertal zu denunzieren, sondern um die Geist-durchwirktheit alles Materiellen ins Bewusstsein zu rufen samt der Aufgabe zur Bewusstmachung der Konsequenzen, die das für unsere Verantwortung hat! Christuswesen bedeutet diese „*Ganzheit, welche die Tiefe der Natur mit einschließt.*" (Jung, GW 9/I § 289)

Hier also der Traum:
Zusammen mit meinem Mann war ich engagiert beteiligt an der Renovierung einer kleinen alten Dorfkirche (neben der wir im Traum auch wohnten). Dabei hatten wir einen Nebenraum entdeckt, dem unsere besondere Sorgfalt gegolten hatte, weil er ein Geheimnis barg. Er lag rechter Hand etwas erhöht hinter einem schmalen Durchstieg, von den Kirchenbesuchern so gut wie gar nicht wahrgenommen. Eine einfache vom langen Gebrauch glattpolierte Bank ohne Rückenlehne entlang der Sandsteinmauer erlaubt meditativen Rückzug: Wir haben noch einen kleinen Tisch und einen Stuhl dazu gestellt, denn der Platz lädt zum Verweilen, ja „bewohnen" ein, und wenn man sich an die Dunkelheit gewöhnt hat, erkennt man weiter links eine tiefe Nische mit sehr alten geschnitzten Laubmasken. Sie flankieren eine stelenartige Figur, die bei genauem Hinsehen ein Mittelding zwischen Christusfigur und „Grünem Mann" ist. Dieser mit Laubwerk bekleidete „Grüne Mann" spielt im Brauchtum vieler Völker eine große Rolle. Spontan fallen mir auch die laubgeschmückten Bildsäulen aus dem Dionysoskult ein – hier in der Seitenkapelle allerdings in voller Gestalt und viel differenzierter ausgestaltet: Was für ein seltener Schatz!

Ich bin sehr glücklich über diese Funde, denn sie bestätigen mir, dass die Ebene des Vergessenen doch noch lebendig ist und dass ich mit meinen Forschungen hier am richtigen Ort bin. Diese Erkenntnis macht mich fast übermütig, und ich möchte baldmöglichst auch anderen diese wundersame Kirche zeigen. Aber als ich wiederkomme, ist der Durchgang verschlossen, man hat eine Aufsicht organisiert und muss Eintritt bezahlen, wenn man die Tür öffnen will – um dann aber nicht in den eigentlichen Raum zu gelangen, sondern nur an eine tabernakelartige goldglänzende Tür mit breitem Rahmen, durch den allenfalls noch ein kleiner Durchguck möglich ist – keinesfalls aber bis in den dunklen Hintergrund: Der „Grüne Christus" ist kaum zu sehen. Ich bin tief enttäuscht: Man hat das Ursprüngliche weggesperrt hinter einem Brimborium von Pseudosakralisierung und so seinen eigentlichen Sinn entstellt, die „Durchsicht" auf den lebendigen Hintergrund auch des christlichen Glaubens blockiert! Und das Eigentliche ist in fremder, autoritärer Hand, dem erfahrenden Bewusstsein (rechts) der Allgemeinheit nicht mehr zugänglich. Nicht mehr „bewohnbar", sondern wieder dem Vergessen anheimgegeben. Es bleibt „aus Sicherheitsgründen" verschlossen – während die restaurierte Dorfkirche touristisch ökonomisiert ist. Den „Sensationswert" der Seitenkapelle hat (gottseidank??) niemand richtig erkannt – gleichwohl muss sie ein starkes Gefühl von Anstößigkeit erweckt haben, dass man sie zusperrte ...

Der Traum hat mich lange schmerzlich verfolgt: Ich war ja *selbst* die Vertriebene aus einem heiligen Bezirk, dessen substanzielle Bedeutung ich erkannt hatte, der mit wohl tat, in dem ich „wohnen" wollte und andere an der Entdeckung teilhaben lassen.

Und obwohl mir klar war, dass es mir mit dem, was ich da auf der Spur war, in der Öffentlichkeit nicht anders gehen würde, blieb ich dran: Der „hinter" dem christlichen Christusbild liegende und abgespaltene Archetypus ließ mich nicht mehr los, zumal wir damals einen langen, zähen und letztlich vergeblichen Kampf mit dem Forstamt führten, das in MacKinsey-Manier den schönen Stadtwald (der hinter unserem Haus beginnt) holzwirtschaftlich als Nutzwald zu behandeln begann, mit schwerem Gerät die kleinen Waldwege kaputtwalzte und altehrwürdige Eichen „erntete", ohne dass der zuständige Förster auch nur die geringste Ahnung von den darunter befindlichen gewachsenen Biotopen hatte. Wir, die wir seit über 30 Jahren dort lebten, mussten sie ihm zeigen und konnten dadurch einiges retten, aber wir wussten, dass dieser Zug der Zeit nicht zu stoppen war.

Ist es „Zufall", dass damals auch die Kirchen anfingen, einen deutlichen Mitgliederschwund zu bemerken? Den auch „Eine-Welt" und Öko-Projekte nicht aufhalten konnten?

Wie auch sollte das gehen, wenn Gott, Christus, heiliger Geist als entsinnlichte Abstrakta über alles Natürliche erhaben waren?

Schon in den Anfangszeiten der Christenmission galt es als Heldentat, „heidnische" heilige Bäume zu fällen, pagane Heiligtümer der „falschen Götter" zu verwüsten oder wenigstens mit Kirchen zu überbauen. Frauen-, Umwelt und New-Age-Bewegung hatten viel davon aufgedeckt, aber konkret in den Kirchen angekommen sind höchstens Bibelgärtchen.

Wieder höre ich Einwände: Wurde nicht von alters her Christus als „Baum des Lebens" gefeiert? Was ist mit dem Baum Jesse, mit den künstlerischen Darstellungen der Verbindung von Christus und Lebensbaum?

Keine Widerrede meinerseits.

In der Regel werden jedoch diese Darstellungen im Sinne der „Auferstehung" (das „Grünen") in ein *jenseitiges*, geistiges Leben gedeutet – was an sich nicht verkehrt ist, denn die Farbe Grün ist ja die Farbe des Heiligen Geistes, der neues, von der körperlich gebundenen Affektebene emanzipiertes Leben schenkt: Aus dem „toten" Kreuzesholz grünt aus höheren (oder „tieferen", jedenfalls „anderweltlichen") Dimensionen stammendes Leben: So hat es auch Christophorus erlebt, als er am Morgen seinen Stab ergrünt und früchtetragend sah. Typisch für die Metapher bedient sie sich einer beglückenden Wahrnehmung aus der alltäglichen, erdbezogenen Erlebniswelt und weist so auf eine diese Manifestation verursachende oder spiegelnde Ebene „jenseits", „darüberhinaus" (gr. *meta*) dieses „gewöhnlichen" Erlebten hin.

Doch im Fall des Gekreuzigten wird das Dargestellte eben *nicht in der Welt verankert,* sondern *darüber hinausgehoben.* Der Kruzifixus am Lebensbaum weist nicht darauf hin, dass auch in den uns diesseitig umgebenden und anvertrauten Baumwesen, Pflanzen und anderen Naturdingen wie Steinen oder Metallen transzendentes Christuslicht am Wirken ist – diese von Alchemisten und Geheimwissenschaftlern wie Paracelsus vertretene Anschauung würden die meisten Stadtpfarrer heute in den Bereich des längst obsoleten Naturmagischen oder „Esoterischen" verweisen. Ihr Christus ist reines Geist- und Gnadenlicht (*lumen gratiae),* das uns hinieden Verirrte erleuchten möge und den Aberglauben an das *lumen naturae* überwinden.

Mein Traum mit der wundersamen Holzfigur, den „Laubmännern"
verwandt, spricht aber eine andere Sprache.

Er plädiert ausdrücklich für einen Blick in den *Hintergrund* unserer
christlich-religiösen Vorstellung. Der mag in keltische Vorzeit führen
oder in die orientalische oder klassische Antike, in der Vorgänge aus dem
Bereich des Physischen noch vom Geheimnis des Heiligen durchdrungen
und mit dem Göttlichen verbunden waren – wovon unserem üblichen
Christusbild nichts geblieben ist. Und daran krankt es, daran kranken
wir, daran kranken unsere Kirchen, daran krankt unsere ganze manische,
von westlich-mechanistischer Hybris geprägte Gesellschaft, daran krankt
unsere ausgebeutete und vergiftete Erde mit ihren Pflanzen und Tieren!

Darum bedarf die christliche Botschaft dringend „einer neuen Sicht",
wie C. G. Jung in seinen Erinnerungen feststellt (S. 213). Unser erstarrtes
Christusbild braucht eine Ergänzung, die Vorstellung des „Kosmischen
Christus" muss – im wahrsten Sinn – vertieft werden.

Sprechenderweise erzählt C. G. Jung diesem Zusammenhang eine
Vision, die er hatte, als er gerade ein Seminar über die Exerzitien des Igna-
tius von Loyola hielt und gleichzeitig seine eigenen Studien zu „Psychologie und Alchemie" betrieb.

*Eines Nachts erwachte ich und sah in helles Licht getaucht den Crucifixus
am Fußende des Bettes. Er erschien nicht ganz in Lebensgröße, war aber
sehr deutlich und ich sah, dass sein Leib aus grünlichen Golde bestand. Es
war ein herrlicher Anblick, doch ich erschrak über das Geschaute. Visionen
sind mir sonst nichts Ungewöhnliches, denn ich sehe öfters plastische hypna-
gogische Bilder.* (Erinnerungen, S. 214)

Der „grüne Christus"!

Jung selbst gibt eine Interpretation des Geschauten. Er sieht es als Botschaft, dass er (und eben nicht nur er!) in seiner Sicht auf Christus bisher
etwas übersehen hatte. Denn die *„viriditas"* (die lebenspendende Grüne
des heiligen Geistes) lebt in allem Lebendigen, Pflanze, Tier und Stein.
Sie ist Ursache aller Lebensprozesse (vgl. Hildegard von Bingen!): *„Das
grüne Gold ist die lebendige Qualität, die die Alchemisten nicht nur im Men-*

schen sahen, sondern auch in der anorganischen Natur. Es ist Ausdruck für
den Lebensgeist, die „anima mundi" oder den „filius macrocosmi"... Bis in die
anorganische Materie ist dieser Geist ausgegossen, er liegt auch im Metall und
im Stein." (ebda)

Jung erkennt damit, dass auch seinem eigenen traditionellen Christusbild etwas Wesentliches fehlt bzw „in den Schatten" seiner reinen Lichthaftigkeit gefallen ist, und dass es notwendig ist, durch sie hindurch die
unsichtbar gewordenen naturnahen (Grüngold), aber auch die dunklen
Seiten wahrzunehmen, die im alchemistischen und antiken Mercurius verschmolzen sind.

Und darin finde auch ich mich wieder, genau darum geht es, um diesen auch im Vegetativen, ja sogar im Anorganischen lebendig wirkenden
Lebensgeist, eine multidimensionale Energie und verbindendes Muster,
das die Welt im Innersten zusammenhält – und darum auch sinnlichen
Ausdruck braucht, wie in meinem „Laub-Christus" in der Kapellennische
– zumindest aber unser tiefes *Wissen und Empfinden* dieses komplexen
Zusammenhangs. Dieses aber ist im Lauf der „aufklärerischen" Reduktionismen gründlich verloren gegangen. Man schlage einmal anlässlich
der Neugestaltung eines Kirchenraums, der Gemeinde vor, Blattmasken,
Laubköpfe oder gar Grotesken in Auftrag zu geben, wie in früheren heiligen Zeiten noch selbstverständlich – man würde Stürme der Entrüstung
ernten – und sich für sehr „fortschrittlich" halten ...

Solange aber unser Bild von „Christus" nicht vollständig ist, auf eine
abstrakte Lichtseite reduziert bleibt, kann auch das innerste Selbst des
Menschen nicht *„teleios"*, (vollständig, vollendet, Mt 5,48) werden als die
„Entelechie", als die er gemeint ist. Darum bleibt uns nicht erspart, die
Komplexität des Symbols, für das Christus steht, wenigstens zur Kennt-
nis zu nehmen, auch wenn uns seine Verwandtschaft mit dem geheimnis-
vollen Mercurius, (ebenfalls *„Salvator"* und *„Mediator"*, also Retter und
Mittler genannt), mit dem Sohn der Weisheit *(filius sapientiae),* der Phi-
losophen *(filius philosophorum)* und dem Sohn von Himmel und Erde als
Gesamtkosmos *(filius macrocosmi),* ja, als die in *in allem Stoffe schlafende*
Weltseele und dem „schlafenden Geliebten" zunächst verwirrt, womöglich
abstößt, weil sie jenseits des dogmatisch Bekannten und Gewohnten lie-

gen. Aber sie alle zusammen ergeben erst ein vollständiges Bild, sind Entsprechungen Christi und, wie C.G. Jung in langjährigen Studien erschlossen hat, Spiegelungen unserer göttlichen Mitte, des *„Selbst"* (GW 9/II, § 120; 194; § 239 und a. a. O.), das uns mit unserer göttlichen Herkunft" in je einzigartiger Form verbindet.

Hier hat der Leser eine Atempause verdient ...

Ich erwarte nicht, dass sich jeder nun sofort in diese verzwickten Zusammenhänge einarbeitet – ich wäre völlig zufrieden, wenn eine Ahnung geweckt würde, dass „Christus" – *„etwas anderes [ist] als man uns sagt"*, wie der Jesuit und große Weltliebende Teilhard de Chardin einst schrieb – jedenfalls aber viel, viel mehr! Teilhards größtes Anliegen war nämlich, wie er am 31. 12. 1926 schrieb, *„die Verschmelzung der beiden großen Erscheinungsformen der Liebe, der Liebe zu Gott und der Liebe zur Welt ... , eine Verschmelzung ohne die meiner Überzeugung nach kein Reich Gottes möglich ist."* (Briefe S. 44)

Die *Bindekraft (vinculum)* aber, die diese Verschmelzung bewirken kann, ist „Christus", der beiden Welten angehört. In ihm finden Licht der Natur *(lumen naturae)* und Licht des Geistes und der Gnade *(lumen gratiae)* zur höchstmöglichen Einheit.

Das lebensvoll Heilige und seine hintergründige Schattennatur

Das zuletzt Geschriebene bleibt auch auf mich nicht ohne Wirkung: Mein Kaleidoskop kommt in bedrohliche Rotation. Alles Mögliche fällt mir noch ein. Etwa zur „merkurischen", also auch unheimlich tricksterhaften Seite Jesu in den merkwürdigen Kindheitserzählungen eines gewissen israelischen Philosophen namens Thomas, in denen der kleine Jesus ein Kind, das sein versunkenes Spiel mit dem Wasser störte, zur Strafe verdorren ließ wie einen Baum ohne Wasser (vgl. später in den Evangelien die Verfluchung des Feigenbaums, Mk 11, 12-14; Mt 21, 18f; Lk 13,6-9). Oder darauf, dass er über ein Kind, das ihn im Vorbeilaufen streifte, so erbittert war, dass er es tot umfallen ließ. Oder dass diejenigen, die ihn seiner Taten beschuldigten, blind wurden. Später hebt er dann seine Verfluchungen großmütig wieder auf – aber zunächst einmal versetzt er seine

Umwelt in Angst und Schrecken damit, als Magier, unberechenbarer Herr über Leben und Tod.

Am amüsantesten ist noch die Geschichte, wie der kleine Jesus am Sabbat an einer Matschelgrube spielte und 12 Sperlinge formte. Ein erboster Jude, der dies sah, lief zu Josef um ihm zu zeigen, wie sein Sohn den Sabbat schände (an dem nichts getan oder geschaffen werden darf). Als er zornig zurückkehrte und auf die Werke wies, klatschte der Kleine in die Hände und rief den Vögel zu: „Auf! Davon!" Worauf die Vögel emporflogen und die umstehenden Juden erschraken und es ihren Oberen erzählten ...

Auch wenn man letztere Geschichte als Jesu „Vorspiel" für seine die Juden verstörende Einstellung zum Sabbat in den Evangelien (Mark 7,23; Lk 6,1) lesen kann, habe ich doch bisher noch niemand gefunden, der sich einen Reim auf die zum Teil ziemlich heftigen anderen Geschichten machen wollte. Als „apokryphe" (soll suggerieren: „wenig glaubhafte") Legenden, kann man sie leicht beiseite wischen. Aber vielleicht sollten sie uns aufhorchen lassen, das starre Ikonenbild von Christus (bzw. des betulichen „Jesuskults") durchsichtig machen etwa auf den so gewitzten wie geheimnisvoll tiefgründigen Mercurius hin, vielleicht auch den indischen Krishna, und womöglich gar auf magisch begabte Naturwesen, wie sie in Märchen der Völker vorkommen und in den Grotesken und Laubfiguren der romanischen Kirchen ihren Ort fanden. Soll uns diese verborgene, moralisch zwielichtige, aber von prallem Leben erfüllte Seite zeigen, wie vorsichtig wir mit unseren festgefassten moralischen „Gut-Böse"-Vorstellungen sein müssen, wenn es um die allem innewohnenden numinosen Lebenskräfte geht, die der „Kosmische Christus" in seiner Totalität zusammenfasst, zusammenfassen *muss*, um kosmischer Kristallisationspunkt des Alls und die „*ganze* Wirklichkeit" zu sein? Soll sie uns darauf aufmerksam machen, dass allem lebendigen Heiligen ein Paradox innewohnt, von dessen Schwierigkeit wir auch Christus nicht desinfizieren dürfen? Dass er vielmehr nur unter diesen Umständen „ein Ganzes" ist und als gegensatzvereinigende Kraft wirken kann?

Das allerdings würde uns abverlangen, eine neue Sicht auf das Verwobensein des Christentums auch mit den religiösen Vorstellungen anderer Völker zu sehen, anstatt auf einem singulären christlichen Monopolanspruch zu beharren – was übrigens ohnehin einer recht „unchristlichen" Omnipotenzhaltung entspricht. Gibt es nicht etwa genügend Belege für christliche Übernahmen aus dem ägyptischen (auch dort gibt es mit dem Grünen Osiris einen Auferstehungsgott, der einst zerstückelt wurde und ein zweites Leben empfing), aus dem germanischen (Odin, der 9 Tage im Baum hing um „das Wort zu empfangen) und selbstverständlich aus dem orientalischen und antiken Kulturraum, vor allem aus den Mysterien des Dionysos, des „Zweimalgeborenen"?

Für den, der diesen Verwandtschaften und Metamorphosen auf der Spur bleiben will, gibt es genügend seriöse und gut verständliche Literatur, auch von christlich-theologischer Seite (Drewermann, Schwarzenau und viele andere).

Für mich geht es hier erklärtermaßen darum, meinen eigenen inneren Zugang zu den Trägern des Heiligen der Religionsgemeinschaft zu finden, in der ich aufgewachsen bin. Dass ich mich dabei auf meinen inneren „Seelenführer", meine weisheitliche Seelenführerin, meinen innewohnenden *„sensus"* – oder wie immer man es nennen will, verlassen kann, erfahre ich unentwegt. So hat mir meine „innere Weisheit" den gerade berichteten Traum vom Oktober 2002 zugespielt, als ich damals im Begriff war, meine Studie zum vergessenen *„Geist der Erde im Christentum"* zuende zu bringen. Und die Erinnerung an diesen Traum hat mich nun wiederum wie ein Lichtblitz an einen anderen, vier Jahre zuvor geträumten erinnert, also in der Zeit, als ich gerade erst mit meiner Erkundung des Geheimnisses der so „heidnisch" anmutenden Blattmasken in christlichen Kirchen begann.

Er war so plastisch, dass ich sogar eine (ganz und gar unzulängliche) Zeichnung anfertigte, um mich seiner „Richtigkeit" zu versichern.

Ich will also auch diesen Traum noch hier erzählen.

„Ich befinde mich in der Gablenberger Petruskirche, zu deren Gemeinde ich gehöre, (zwischen 1900 und 1902 im neugotischen Stil erbaut, kurioserweise geleitet von Baurat Theophil Frey (gest. 1904) einem Großonkel, der natürlich gar nicht hier, im Vorort, wohnte.) Obwohl ich selten zum Gottesdienst gehe, mag ich die Kirche wegen ihrer warmen Atmosphäre – und auch wegen ihrer lebendigen Schnitzereien nach Motiven in gotischen Chorgestühlen.

Nun sehe ich im Traum plötzlich an der Rückwand des Chors anstelle der modernen Glasfenster eine sehr große Bildgestalt mit kreuzförmig ausgebreiteten Armen. Ihr Haupt ist mit Blumen und Laubwerk geschmückt, der Gesichtsausdruck zugewandt, leuchtend, liebevoll und Freude ausstrahlend. Der Körper ist von oben bis unten wie von einem schimmernden, im wahrsten Sinn des Wortes „fließenden" Gewand verhüllt, er scheint geradezu aus diesem Fließen zu bestehen: Ein unablässig strömender Wasserfall, auf rätselhafte Weise lebendig und wunderschön umwunden von Efeu oder Weinranken, in denen wiederum Blüten sich zeigen und Vögel hin und herhüpfen.

Ich bin völlig versunken in diesen ungewöhnlichen, tief beglückenden Anblick. Nie zuvor hatte ich diese Gestalt bemerkt.

Da kommt eine Besichtigergruppe vorbei und ich höre den Leiter trocken sagen, man wisse nicht, was diese Gestalt darstellen soll – wohl einen „unbekannten Heiligen". Damit will er sich auch schon abwenden.

Ich kann nicht an mich halten, sage laut und bestimmt, dass das fließende Gewand doch auf das „Wasser des Lebens" verweise, das blühende Laub und die Vögel auf den Heiligen Geist, was die Figur insgesamt ganz klar als CHRISTUS ausweise! Dabei wundere ich mich selbst über die Sicherheit und Schnelligkeit, in denen dieses Wissen sich in mir verdichtet hat, obwohl ich mich dabei ja auf keine konventionelle Christus-Ikonographie stützen kann und die Figur mich viel eher an Kult und Symbolik des griechischen Dionysos als „Urbild unzerstörbaren Lebens" (Karl Kerenyi) erinnert. Und zugleich an ein Leben, das eine unzerstörbare FREUDE ausstrahlt, die alles Werden und Vergehen mit den darin unausweichlich enthaltenen Dunkelheiten weit übersteigt. Ja, und gewiss auch an die „Ströme lebendigen Wassers" (Joh 7,37), die der Hl. Geist durch Christus herabsendet – aber all das sage ich jetzt nicht. Der Leiter der Gruppe ist verblüfft, die Besucher gucken beeindruckt aber ungläubig, denn natürlich hat keiner von ihnen je eine solche Christusfigur gesehen – sicher wüsste man doch davon, wenn es hier, im unspektakulären Stuttgarter Vorort so etwas gäbe, und ich bin ihnen ja auch gar nicht als Autorität in solchen Dingen vorgestellt... Doch ich bin mir absolut sicher und wache mit der beglückenden Klarheit auf, etwas Wesentliches „gesehen" und erlebt zu haben.

Morgens nehme ich mir erst das Johannesevangelium, dann Karl Kere-
nyis Buch über Dionysos vor. Dionysos, ein „Vorgänger"? Eine zu kühne
(Traum-)Phantasie? Dieses Symbol des schöpferischen Lebens und der
Wandlung in der (beseelt gedachten) Natur, *der Physis und der Geistwand-
lung,* Gott der Inspiration und Ekstase! Der laubgekrönte, dunkle und rätselhaft maskentragende Gott, numinoser, pulsierender Geist, Lebenskraft
die alles durchströmt und belebt! Fülle des Lebens. Der „Zweimal Gebo-
rene". Inspirator des Geistes *und* der Natur, der selbst Zerstückelung erlitt.
Auf dessen Auferstehung man jedes Jahr sehnlichst wartet. In seinen Kulten gefeiert – wie Christus – als „der ankommende Gott", in einem Schiff
übers Meer, wie es im vermutlich ältesten (oft Johannes Tauler zugeschrie-
benen) Kirchenlied heißt, das wir zur „Adventszeit" – der Ankunftserwar-
tungs-Zeit – singen: *„Es kommt ein Schiff, geladen bis an sein höchsten Bord.
Trägt Gottes Sohn voll Gnaden, des Vaters ewigs Wort".*
   Dionysos, pflanzensymbolisch begleitet von Efeu und Weinreben:
Im Wein verbindet sich Erdsymbolik mit einem geheimnisvollen Ver-
wandlungsgeist. War darum im Dionysoskult der Wein Wandlungs- und
Rauschtrank, so hat das Christentum doch seine Wandlungssymbolik mitgenommen, dazu das Blut als Lebensträger, und desgleichen den Vergleich
des Heilbringers mit dem Weinstock. Der Dionysoskult erzählt von seiner Zerreißung. Im Christentum geblieben als Kreuzigung und Opferkult.
   Überall stoße ich auf Metamorphosen: Wäre es nicht wirklich besser,
wenn wir durch unsere religiösen Bilder *hindurchsehen* lernten, anstatt
die alten Gottheiten – wie im Christentum seit über 2000 Jahren prakti-
ziert – als teuflische, primitive Dunkelmächte oder „Götzen" zu diaboli-
sieren und abzuspalten? Nur dann bekämen nämlich auch unsere einsei-
tig aufgehellten „christlichen" Symbole und Rituale wieder Saft und Kraft
und lebensvolle Tiefenschärfe. Nur dann könnten wir aufhören, das „nur
Gute", Lichtvolle zu vergötzen – und seelisch all das abzuspalten, was uns
fremd und dunkel gemacht wurde.

Abb. 15
Die Weigerung des Hl. Eustachius, den „Götzen" zu verehren
(Kathedrale von St Etienne, 13. Jh)
Wir sehen links auf einem Podest in würdevoller Haltung eine goldene, nackte Figur stehen, ein „Idol",
vermutlich des Dionysos, der gehörnt, also wie ein Satyr, dargestellt ist und eine goldene Schale in der
Linken hält. Es ist zu vermuten, dass sie Wein enthält, der zwar auch in den Riten des Christentums eine
sakrale Rolle spielt, als dionysischer „Rauschtrank" aber diabolisiert wurde. So zeigen auch die Hörner
die Figur als dem Reich des „Teuflischen" zugehörig, ebenso die sicherlich als schamlos empfundene
Nacktheit. Rechts davon versuchen offensichtlich hohe Würdenträger den Hl. Eustachius (zweiter von links
mit leicht gesenktem Haupt) zu drängen dem „Götzenbild" Referenz zu erweisen - was er dann verweigert,
im sicheren Wissen, dadurch seinem Martyrium entgegenzugehen. Die Szene veranschaulicht sehr deutlich,
wie die Götter der Vorzeit im erstarkten Staatschristentum systematisch zu „Götzen" erklärt und damit als
dem Reich des Bösen zugehörig verworfen.

Ein schönes Beispiel der Verkehrung des vormals Heiligen habe ich von einer unserer Frankreichreisen mitgebracht: Die Abbildung eines Glasfensters (Abb. 15), das diesen Prozess plastisch illustriert: Ins Bild gesetzt ist links auf einem hohen Sockel die „Götzenfigur" des Dionysos (nackt, gehörnt, wie die Satyrn in seiner Begleitung, in der linken eine Schale mit dem als dionysisch verpönten, aber doch auch christlich geheiligten Wein) in einer durchaus auch in einer christlichen Ikonographie geläufigen würdig-ernsten sakralen Haltung. Rechts daneben eine Gruppe von reichgewandeten Männern, in der Mitte der durch einen Heiligenschein gekennzeichnete Heilige Eustachius, der sich trotz der Forderung des Herrschers weigert, dieses „Idol", diesen „Götzen" zu verehren. Was ihm selbstredend schlecht bekommen ist, aber was wäre das Christentum ohne Märtyrer ...

Der Christophorus mit dem melancholischen Blick auf meinem Schreibtisch scheint zu ahnen, dass dieses Schicksal letztendlich auch ihm bevorsteht, trotz seiner staunenswerten Verwandlung vom „Reprobus" (Verworfenen) zum Christusträger. Er hat wohl auch damals seine Vergangenheit als animalisch bestimmter Verworfener eher „hinter sich gelassen" (ins Unbewusste verbannt) als integriert, mit hineingenommen. Und doch hat die frühchristliche Bildsymbolik (die meistens entlarvender ist als es den Theologen lieb ist) gerade in seinem Fall etwas mitgenommen, was zeigt, dass irgendwo im unbewussten Hinterstübchen etwas vom Wissen um die tiefen „heidnischen" Wurzeln des christlich-religiösen Gefühls rumorte und nach Gesehenwerden drängte: Diese spannende Geschichte möchte ich hier noch erzählen.

Es war in der Zeit zwischen etwa 1995 und 2002, als ich mich intensiv mit Mischwesen im sakralen Raum befasste, dass meine Schwester, die in Athen lebt, mir eine Abbildung des Heiligen Christophorus als „Kynokephalos" aus dem Byzantinischen Museum schickte. „Kynos" ist der Hund, „kephalos" der Kopf: ein hundsköpfiger Christophorus also, der in der rechten Hand ein griechisch-orthodoxes Kreuz hält (Abb. 16) Damals war ich nur erstaunt, bin der Sache nicht weiter nachgegangen, jetzt, als ich mich mit den Christophorussen befasste, habe ich mich wieder erinnert.

Abb. 16
Hundsköpfiger Christophorus
(Kynekephale, griech. Ikone, 1685, Athen, Byzantinisches Museum)
Darstellungen des tierköpfigen Christophorus stammen aus dem im Mittelalter beliebten Legendenkreis um
ein mythisches Riesenvolk hundsköpfiger Menschenfresser, aus deren Reihen sich einige zum Christentum
bekehren ließen. Sowohl „Riese" als auch „Hundskopf" verweisen auf größtmögliche Primitivität und
„Verworfenheit" – „Reprobus", der Verworfene war ja auch der Name des „Christophorus" vor seiner
Wandlungserfahrung. Die byzantinische Bildkunst greift diesen enorm illustrativen Kontrast zwischen
„hundsköpfiger" Schattenvergangenheit und christlicher Bekehrung und Nobilitierung spätestens ab dem
15. Jh auf in der bizarr anmutenden Christophorus-Darstellung als tierköpfigem Heiligen. Als Heiliger ist
er erkenntlich an Kreuzstab und Segensgeste. Der rote Mantel ist mit golddurchwirkten Bordüren gesäumt,
desgleichen die Untergewänder. Das ab Kniehöhe sichtbare gemahnt mit seiner blauen Farbe und dem
wellenartigen Faltenwurf an den Fluss, dessen bedrohliche Flut durchschritten werden musste. Links im
Bild auch der Palmbaum, der aus seinem Stab ergrünte – das Christuskind jedoch spielt keine Rolle mehr,
es verschwindet in der abstrakten Symbolik des kostbaren Kreuzstabs.

Bilder erzählen Geschichten, die die Seele nicht vergessen hat, auch wenn sie tief ins Unbewusste abgesunken sind, und das gilt auch für die seltsam anmutenden Bildgestaltungen innerhalb des christlichen Raums, seien es Grotesken und Laubköpfe an Portalen oder im Innenraum von Kirchen, Blattmasken an Kapitellen auf Säulen, die so deutlich an den Dionysoskult erinnern („Laubgötter" hat sie eine Freundin einmal spontan genannt), seien es Mischwesen wie die Evangelistensymbole (die auf den Tetramorph in der Ezechiel-Vision verweisen, Ez 1,15f) oder die phantastischen Wesen, die das Rankenwerk der Stundenbücher bevölkern.

Doch zurück zum hundsköpfigen Christophorus, einer ab dem 5. Jahrhundert nachweisbaren ostkirchlichen Bildtradition.

Ich muss ein bisschen ausholen und bitte um Geduld und Mitdenken, denn es geht um viel, eben um die unübersehbare „Rückbindung" (lat. *religio!*) christlicher Vorstellungen in zumeist *bewusst* vergessen gemachten und als „heidnisch" abgelehnten religiösen Traditionen.

Dies spiegelt sich etwa in einer im Mittelalter durchaus beliebten Diskussion über ein mythisches Volk der *Kynokephalen,* hundsköpfigen Menschenfressern, mit denen man einerseits gern die Hölle bevölkerte, aber mitunter auch Exempel diskutierte, in denen ein Kynokephale sich zum Christentum bekehrte und so zum Sinnbild werden konnte der Bekehrung der umliegenden, unzivilisiert empfundenen Völker. Dazu kamen anthropologische Diskussionen allgemeinerer Art um die Definition des Menschen in seiner Abgrenzung vom Tier, die damals (und wohl bis heute, wenn auch auf anderen Grundlagen) sehr verbreitet waren.

In diesem Kontext passte nun Christophorus sozusagen idealtypisch hinein: Als „Reprobus" war er ein bildhaft inszenierbarer Abkömmling eines Volkes von tierhaft rohen Verworfenen, was ja auch seine Riesengestalt gut illustrierte. Insofern war er als Propagandafigur, die ihre tierische „hundsköpfige" Primitivität zugunsten christlicher Erleuchtung abgelegt und „überwunden" hatte, bestens geeignet.

„Hundsköpfig" konnte dabei einsortiert werden unter tierisch-dämonisch-grausam unmenschlich, mit anderen Worten unter die Schattenkräfte. Diese beunruhigen, wenn unterdrückt („überwunden") und nicht ebenfalls auch zu Mensch und Welt gehörig anerkannt und soweit wie möglich differenziert, das Unbewusste des Menschen auf's Bedrohlichste und suchen nach Aktionsgelegenheit, Kanälen zur Abreaktion. Wie das geht, haben die Greuel der frühen „Christenbekehrung", Kreuzzüge, sadistische Foltermethoden der Inquisition etc. trefflich bewiesen. Zugleich vermeinte man mit der Ablehnung dieses Fremdgewordenen auch alles, was da noch an kollektiver Erinnerung an vor- und nebenchristliche religiöse Vorstellungen geisterte, durch einseitige Entwertung unschädlich gemacht zu haben. Denn in den ersten christlich dominierten Jahrhunderten gab es noch immer beträchtliche Konkurrenz ägyptischer Provenienz: Die gebildeten Schichten fühlten sich dem Isiskult nahe, in dem eine mächtige hunds- oder schakalköpfige Figur eine gewichtige Rolle spielte: Anubis, Geleiter in die Totenwelt, „Schlüsselfigur" für das jenseitige Schicksal, schillernd verwandt mit Thot, dem Herrn der Zeit, Bewahrer und Vermittler alles Wissens durch die Geheimnisse der Schriftkunst, Götterbote – und somit verwandt mit dem griechischen Hermes, römischen (und alchemistischen) Mercurius.

Und diesen Anubis/Thot/Mercurius beschreibt Apuleius von Madaura (2. Jh. n. Chr.) in einer Schilderung des Isiskultes als hundsköpfige Gestalt, die statt des ägyptisch traditionellen *Ankh* (Henkel- oder Lebenskreuz) den *Caduceus*, Schlangenstab des Mercurius in der Hand hält – wir sehen daran, wie lebendig beweglich damals die Zuordnungen waren. Die Glitzersteinchen in den religiösen Kaleidoskopen formierten sich immer neu und bildeten überraschende, als „synkretistisch" verächtlich abgetane neue Muster: Auf einer römischen Münze aus dem 4. Jahrhundert war der hundsköpfige Anubis gar abgebildet mit einem Instrument des Isiskults, dem *Sistrum* in der einen und merkurischem Schlangenstab in der anderen Hand!

Da wendet sich dann bekanntlich der abendländische Christ mit Grausen oder zumindest ungläubig (wie die Besuchergruppe in meinem Christus/Dionysos-Traum) – und das ist seine große Schwäche. Er spaltet das bewusstseinsgeschichtlich Ältere ab zugunsten einer sozusagen desinfizierten Neukonstruktion seiner Glaubensbilder, die sich am Guten, Wahren und Schönen orientieren und den „Rest" als satanisch in die Hölle sperren wollen – in die doch der Gekreuzigte hinabgestiegen ist, um auch diesen abgelehnten Rest im Lichte des Bewusstseins eine neue Chance der

Verwandlung zu geben und die Verbindung zum unbewusst Gewordenen, Dunklen wiederherzustellen. Wie übrigens einst auch Hermes/Merkur, der als einziger Zugang zu allen drei Sphären hatte: der Überirdischen, Irdischen und Unterirdischen und somit *„Mediator"*, *Mittler* war auf dem Weg zwischen dem (scheinbar) Widersprüchlichen. Der den Kanal zwischen Bewusstsein und Unbewusstem, „Außen" und „Innen" offen halten konnte, so wie unser Genius, unsere innere Weisheit Mittlerin ist zwischen dem angeblich Unvereinbaren und so zur Vollständigkeit des Selbst führen kann. In eine Vollständigkeit, die ihren religiösen Spiegel in Christus hat. Christus als eine *„allumfassende Ganzheit, welche sogar die animalische Seite des Menschen … in sich begreift. Trotz allem ermangelt das Symbol Christi der Ganzheit im modernen Sinn, indem es die Dinge … nicht mit ein-, sondern als luziferischen Gegenspieler ausschließt."* (Jung, GW 9/ II, § 74)

Nur durch Einbeziehen, durch *Durchsichtigmachen* also würde unser Christusbild *vollständig* – und damit auch wieder substantiell *wirksam,* wirklich *ergreifend* und *überzeugend* als Antwort auf das tiefste Bedürfnis unser innersten Inbildes nach Ganzheit – ein Spiegel des Selbst, unseres schlafenden Geliebten …

Der „Durchsichtigmacher" ist jedoch das, was wir „Christus" nennen. Er ist die herzöffnende Erkenntniskraft, die uns sehen lässt, dass Gott in allem ist. Auch im Primitiven, Asozialen, im Lärm, im industriell Überlagerten. Überall ist heiliger Boden.

Christophorus also sei Dank, dem merkurischen Wegbegleiter mit seinem hundsköpfigen Hintergrundsbild, Dank für seine abgründige Symbolik und den herausfordernden Blick, mit dem er mich auf diesen aufregenden Dschungelpfad abseits der gebahnten Wege geführt hat! Möge sein Stab tief wurzeln als der mythische Baum, dessen Krone nur dann in den Himmel reichen kann, wenn seine Wurzeln auch in die Hölle treiben. Möge er auch weiterhin grünen und blühen und dionysische Früchte tragen, Palmbaum, Efeu, Weinrebe zugleich sein …

Religion ist zu vergleichen mit dem Mond,
der die Erde erleuchtet,
aber seine Strahlkraft von der Sonne erhält.
Wenn der Mond der Erde zu nahe kommt
und sich zwischen Sonne und Erde schiebt,
gibt es eine Sonnenfinsternis ...
Wenn aber die Religion sich zu wichtig nimmt
und sich zwischen Gott und den Menschen schiebt,
verdunkelt sie Gott. Es gibt eine Gottesfinsternis.
Willigis Jäger, Wiederkehr der Mystik, S. 39

Die Frage bleibt offen

Ich erlaube mir, überall wo Willigis Jäger „Gott" schreibt, „Christus" zu setzen, denn in diesem Fall gilt für „Christus" dasselbe wie für die Rede von „Gott": Wenn sich unsere religiösen *Vorstellungen* zu wichtig nehmen und *erstarren,* wird die Leuchtkraft, mit der diese archetypischen Symbole Welt, Seele und Leben durchstrahlen und durchscheinend machen, gebrochen. Die Essenz, das Wesentliche wird verdunkelt. „Gottesfinsternis" – „Christusfinsternis". Keine Ahnung einer anderen Dimension mehr, kein spontan überraschendes „Oh!"

Ich kann nur für mich sprechen. Für mich bleibt das einzige, was zählt, die Resonanz, die meine Fragen in meinem „Herzbild" hervorrufen. Die Antwort kann ich nicht „machen", sie stellt sich ungerufen, situativ, augenblicksweise ein und ich erkenne sie an einer unmittelbaren *Freude,* die eine Intuition in mir auslöst.

Als ich zum Beispiel im Frühsommer im Duft meines riesigen, alten, über und über blühenden Jasminstrauchs stand und mir eine Blüte in die Hand fiel, durchlief mich urplötzlich eine unbeschreibliche Süßigkeit wie ein prickelnder „*frisson*": „ *Aber ja, auch das* ist „Christus"! Diese Blüte, der Duft, die Süße"!

Was für ein absolut „unvernünftiger" Gedanke, welch kindliche Empfindung! Und doch brachte sie augenblicklich ein Gefühl enormer Herzweite, von Beglücktsein und Offenheit mit sich.

Doch wir müssen vorsichtig sein, und dürfen solche wunderbar freudigen „mystischen" Erlebnismomente nicht in ihrer Einseitigkeit festbinden wollen. Denn aufs Ganze gesehen, glaube ich, dass von einem Christus, der als reine Lichtkraft voller „mystischer Süße" über allem jammervollem Erdenwallen schwebt und uns dereinst in entsprechende himmlische Sphären erheben wird (falls wir hinieden uns um das Ideal größtmöglicher „Vollkommenheit" bemühen) keine dauerhaft stärkende Kraft ausgeht, auch wenn die Erinnerung an solche kostbaren Momente unersetzbar ist und gepflegt werden will. Doch ob *„Kosmischer Christus"*, ob *„Christus in mir"*: Die „Sonne" scheint über Gerechte und Ungerechte (Matth 5, 45), und das heißt zu unserem Schrecken auch über Geschehnisse, die mir ungerecht, verstörend, grausam und abstoßend erscheinen. Doch sind nicht auch diese Wolken, welche die täglich erlebten „Verfinsterungen" aller Art hervorrufen, „Gottesereignis" – was sollten sie denn sonst sein?

Also kann „Christus", die „Gnadensonne", einzig das numinose, schöpferisch pulsierende, lebendige Zentrum sein, das auch die unerträglichsten Widersprüche in Welt und Leben in irgendeiner Weise in Sinn verwandeln kann und mir so hilft, sie zu ertragen, ohne mein Leiden daran abzuspalten oder zu überspielen.

Wenn mir aber der Name „Christus" *nicht* die innere Gewissheit gibt, dass es Kristallisationspunkte gibt (hinduistisch: *bindu)*, in denen alles „Gegenstrebige" (Heraklit) zusammenfällt, die im letzten Grund Gott, Mensch und Welt wieder zu der fundamentalen Einheit zusammenfassen, die schon immer war – wenn ich keinen „Geschmack" dafür entwickeln kann, dass Christus *„die sich verwandelnde Gestalt"* (Rilke, Gedichte S. 273) ist wie der alchemistische Mercurius, das rätselhafte Element, das „Arkanum", die geheime Wandlungssubstanz, welche (gleich der göttlichen Weisheitsgeliebten in Weish 7, 24) alles durchdringt und *„im Innersten zusammenhält"* und paradoxerweise auch aus dem Schlimmsten Neues hervorgehen lassen kann – wenn ich nicht genauso auf der persönlichen Ebene meiner wegleitenden Stimme trauen kann und das Gefühl habe, in meiner ganzen Unzulänglichkeit angeschlossen zu sein an ein größeres Ganzes, das den Blick öffnet für eine transkonfessionelle, über alles Verstehen hinausreichende Dimension, aus der heraus jederzeit eine ganz andere, spontane, wunderbare (Jasminblüten-) Sicht auf Gott, Welt und Mensch möglich wäre als aus meiner verfinsterten Mäuseperspektive – dann verstehe ich die Menschen, die den Kirchen den Rücken kehren und zu „esoterischen" Sinnangeboten überlaufen, die bessere, von allen Dunkelheiten freie „Energien" versprechen – auch wenn ich an deren Gehalt zweifle.

Wenn dagegen meine „Christus"-Ahnung eine überzeugende Resonanz in mir hervorruft, so wird sie mich den *„Geist der Freiheit"* (2. Kor 3,17) als eine großzügige Offenheit erfahren lassen und mich von aller Enge und Festschreibung entlasten: Von der Vorstellungsfixierung, wie *„es* sein *müsste"*, von dem Wahn, dass wir engelrein, „vollkommen" werden sollten. Frei auch von dem hochgespannten Anspruch, dass wir all unsere unbewussten Schattenanteile „integrieren" müssten, denn stellt er nicht eine niederdrückende Überforderung dar? Es ist ja eben das *Wesen* des Unbewussten, *dass* es unbewusst *ist,* und nicht einfach ins Bewusstsein gehoben werden kann, um dort „integriert" zu werden. Statt dessen müssten wir doch viel eher lernen, *das Alte, scheinbar „Primitivere" mitleben zu lassen,* es durch unser „Durch-Schauen" wertschätzend auf eine andere Stufe heben, all die „heidnischen" Laubgötter und „Götzen", auch wenn uns „Christi Auferstehung" erlaubt, sie *geistig zu überschreiten!*

Kurz: Ein Christus, auf den ich mich einlassen könnte, müsste mir *Freiheit für die Freude* trotz all der Bizarrien geben, die das Leben eben *auch* hervorbringt. Freiheit von all diesem verquälten Sollen und Müssen, auch von dem Starren auf mögliche dauereuphorisierende „Erleuchtungserlebnisse." Denn mögen wir momentweise noch so viele davon haben – wir finden uns doch immer wieder „gekreuzigt" im Feld unserer Projektionen, Gefühle und Gedanken vor – und das ist eben der Punkt, an dem ich dem archaisch begründeten christlichen Kreuzesmythos schließlich doch eine tiefe psychologische Wahrheit einräumen muss, weil die „Zerstückelung" (Osiris, Dionysos usw.) oder Kreuzigung (Jesus) zur *conditio humana,* den Bedingungen und Erfahrungen unseres Menschseins gehört und nicht durch willkürliche „positive" Einstellungen ausgeräumt werden kann.

Die „Last der ganzen Welt" zu tragen dürfen wir Christophorus überlassen. Für uns gewöhnliche Sterbliche genügt es, zu lernen, auf unsere

innere Weisheit, unser „Herzbild", unser wegleitendes *Selbst,* den „Geliebten" („Christus") zu horchen, zu tun, was getan werden, auszuhalten,
was eben auszuhalten ist und wenigstens annähernd so etwas wie Selbsterkenntnis zu gewinnen, eine Ahnung davon, wie wir „ur-sprünglich"
gemeint sind: *teleios* (Kol 1,28; Jak 1,4), *vollständig,* nicht *vollkommen!*
Vollständige Menschen, die wissen, dass sie blinde Flecken haben, gereizt
sind (wie Jesus im Tempel), unwirsch (wenn er sich von seiner Familie
distanziert), dass sie mitunter launisch sind, ungerecht, wütend, trübsin-
nig, narzisstisch und selten wirklich geistesgegenwärtig, „achtsam", und
viele Fehler machen, die sie nicht überspielen müssen, weil auch das Leiden daran zu ihrer „Ganzheit" gehört. Eine Ganzheit, die das Unbewusste
miteinschließt: das dunkle Christuskind auf den Armen der Schwarzen
Madonna, die wilden und zwittrigen Masken in alten Kirchen. Alle sind
Spielarten der Inkarnation, und Christsein ist letztlich nichts anderes, als
sich als *Mitspieler* wissen im Geheimnis der Inkarnation.

Noch einmal: Die „*Fülle des Lebens*" (Kol 1,19; Joh 10,10) die in
Christus wohnt und auch uns erfüllt, umfasst das *ganze* Leben. Und das
In-uns-Wohnen der uranfänglichen Weisheit (die mit Christus identisch
ist) ist die Lebensquelle in jedem von uns, wie auch immer benannt. Sie
ist das *geistige Sehorgan* (Tagore) und ein tiefer ästhetischer Sinn zur Erfahrung eines immer neu aufgehenden und sich verwandelnden Lebens, das
auch in dessen widerständigen, grotesken Erscheinungen Schönheit und
Wahrheit offenbaren kann, und auch „heidnischen" Symbolen ihre Wahrheit lässt, ja, sie durchsichtig macht in ihrer Vielschichtigkeit. Ein offenes,
sowohl geistiges als auch sinnlich-ästhetisches Sehorgan für das Mysterium einer allaugenblicklich stattfindenden Wiedergeburt im Sinne dessen, was der Name des Dio-nysos, des „Zweimal-Geborenen" verspricht
(sogar weniger verschwommen als die Rede vom „Gesalbten").

Und last not least bedarf es für das praktische und persönliche Leben
einer Gewissheit, dass der erneuernde Christus-Impuls im Makrokosmos
seine Entsprechung hat in der Seele des Menschen in Gestalt von schöpferischen Impulsen der Phantasie, Intuition und vor allem der Freude und
Begeisterung, durch die das innerste Selbst Erneuerungs- und Erkennt-
nisimpulse „aus dem All" aufnimmt und schöpferisch weiterentwickelt,
um seine ganz persönliche Individuation als Mensch zu verwirklichen,

anstatt im „mainstream" an seinem erspürten Ruf vorbeizuleben: *„Wer das All erkennt, sich aber selbst verfehlt, der verfehlt das Ganze,"* lässt das Thomasevangelium Jesus sagen *(Lg 66).* Bisweilen kompromisslos muss der Einzelne also seinem „Daimon" oder „Genius" folgen, auch wo er ihn durch Impulse von außen ruft, durch „Zeichen" und „Winke". Das kann unbequem sein, kann zeitweilig Gefühle der Entfremdung von dem, was „man" glaubt und tut erzeugen, kann zwingen, Einsamkeit auszuhalten. Aber daran führt kein Weg vorbei: Das Kreuz der persönlichen Existenz gehört in die „große Ordnung" mit hinein, deren Symbol seit undenklichen, weit in vorchristliche Zeit zurück reichende Zeiten das Symbol des Kreuzes *im Kreis* ist: Das Christentum hat das Kreuz daraus herausgerissen und für sich monopolisiert und ist so in eine die anfängliche Schönheit verschattende Einseitigkeit verfallen. Aber trotzdem kann nichts aus dieser makrokosmischen Ordnung herausfallen, und jeder muss sich seiner kleinen, mikrokosmischen Einordnungsaufgabe bewusst werden, um eine Ahnung vom „All-einen" zu bekommen, das im Christentum durch „Christus" symbolisiert ist.

Raimon Panikkar hat Christus die *„Ikone der ganzen Wirklichkeit"* (Christophanie S. 104) genannt und verweist auf Kol. 1, 15 – 20, einen berühmten, wunderbaren „Christushymnus", der dennoch selten als *Bild (eikon) der Vollständigkeit* gelesen wird, obwohl alles Wünschbare in integrativer Vollständigkeit darin enthalten ist! Und mit Staunen sehe ich, dass ich mich irgendwo doch in Einklang mit dem befinde, was man auch aus den biblischen Schriften herauslesen kann: So wenig „Gott" diese Welt ohne Widersprüche erschaffen hat, so wenig kann „Christus", der „Sohn", eine Chiffre schattenloser Einseitigkeit sein!

Vielmehr wird er dort besungen als

„das Ebenbild (gr. eikon) des unsichtbaren Gottes, der Erstgeborene vor aller Schöpfung. Denn durch ihn ist alles geschaffen, was im Himmel und auf Erden ist, das Sichtbare und das Unsichtbare, es seien Throne oder Herrschaften oder Mächte oder Gewalten: es ist alles durch ihn und zu ihm geschaffen. Und er ist vor allem und es besteht alles in ihm ... denn es hat Gott wohlgefallen, dass in ihm alle Fülle wohnen sollte und er durch ihn alles versöhnte, es sei auf Erden oder im Himmel ..."

Alles ist durch ihn geschaffen – also gehört auch *alles* dazu, gerufen oder ungerufen. Christus ist „das verbindende Muster" (Panikkar), der dynamische Funke, das Spiel des Lichts, das die unablässige Bewegung und Wandlung des Ineinanderspiels von allem sehen, spüren, ahnen lässt und durchsichtig macht. Er bietet uns die Versöhnung mit Makrokosmos und Mikrokosmos und vor allem mit uns selbst. *Überall* ist heiliger Boden, nirgends bin ich „auf dem falschen Weg".

Denn nicht nur für den „Kosmischen Christus" gilt dieser Hymnus, sondern genauso für uns, die wir „Söhne (und Töchter) Gottes" sind: Gerade darin liegt ja das unerhört Neue an dem Erscheinen von Jesus und seiner „Aufladung" als „Christus": Plötzlich ist einer wachsenden Zahl von Menschen klar geworden, dass *jeder* Mensch „Gotteskind", Träger dieser göttlichen Seinsfülle ist und sie verwirklichen soll (Apg 17, 28/29), jeder auf seine eigene, unverwechselbare Weise. Der Ruf der göttlich-anfänglichen Weisheit (Spr 8) hat sie durch die Person Jesus und seine singuläre Ausstrahlung endlich erreicht und sie aufgerufen, diesen als Vorläufer ihrer eigenen Möglichkeit ihrer Menschwerdung, ihrer Individuation zu sehen.

Habe ich deinen Blick verstanden, Christophorus? Jedenfalls hat dieser Blick-Ruf mich gezwungen, mich endlich einmal gründlich zu fragen, wer oder was „Christus" ist. Und mein Genius, mein „sensus", mein innerstes Gewissen (*syneidesis*) scheint mit dem Ergebnis einverstanden zu sein – zumindest für den Moment. Denn, zur Erinnerung: Symbolbilder *„erheben keinen Anspruch auf ein Monopol; sie lassen den Weg frei für eine endlose Möglichkeit anderer Bilder"* mahnt uns der Dichter und Mystiker Tagore.

So ist „Christus" eben nicht nur das, was in einem zweitausendjährigen geschichtlichen kirchenpolitischen Prozess als „Christus" festgeschrieben wurde! Es ist Name, Geheimnis und Gleichnis für eine dynamische, symbolisch offene, vielschichtige, unverfügbare und transkonfessionelle Kraft, ein Name, der die Verdichtung eines unausschöpfbaren, weit über jede verfestigte Form hinausweisenden Mythos in sich trägt. Er ist das Symbol einer neuen, transzendental verankerten Erkenntniskraft, die seit Jesu Erscheinen in immer mehr Menschen erwacht ist und durch seine Gestalt hindurchscheint, in ihrer transformierenden Macht als „Christuskraft" erlebt. Der Ruf der anfänglichen Weisheit hat endlich Wohnung nehmen können bei denen, die Ohren haben zu hören und Augen und Herzen zu schauen.

Ist es Zufall, dass mir jetzt, zum Schluss noch eine Zettelnotiz von vor etwa 20 Jahren aus Heinrich Zimmers Buch „Indische Mythen und Symbole" ins Auge sticht, die mich immer wieder auf's Neue elektrisiert und beschäftigt, weil ich finde, dass hier etwas angesprochen ist, was sich trans-konfessionell verstanden auch auf die „Ikone Christus" übertragen ließe?

Vielleicht gehört es für mein Christus-Abenteuer dazu, dass ich – nach-dem ich mit den Worten eines indischen Weisen begonnen habe, nun an den Schluss noch eine Inspiration stelle, die ein indisches Bildwerk des *Shiva* im „geistigen Sehorgan" eines außergewöhnlichen Indologen her-vorgerufen hat. Hier ist sie:

> *„Die Kraft vom fließenden Spiel der Maya-Energie [Welt der Erscheinun-gen B. R.] nicht verwirrt zu werden ... bildet Sieg und Trost dieser Welt-schau. Hindu-Weisheit und Hindu-Glaube akzeptieren den Untergang und die vielfältigen Gestalten des Todes als dunklen Unterton einer kos-mischen Symphonie, deren ungeheure Musik paradoxerweise der Ausdruck höchster Stille und des innersten Schweigens des Absoluten ist. Jeder Augen-blick solcher Erfahrung ist von einer tiefen dionysischen Freude übergossen, viel tiefer als alle Schmerzen und Schicksalsschläge, welche die Oberflächen und Welten zerbrechen. [D]er Geist des Hinduismus [kennt] ein letztes, wunderbares Gleichgewicht zwischen der Dynamik der Manifestation des Weltprozesses, der ununterbrochenen Entwicklung, und der erhabenen sta-tischen Ruhe des Seins. Unser Denkmal hat die Aufgabe, die restlose Ei-nigung und das Zusammenfallen aller Arten von Gegensätzen in ihrem transzendenten Ursprung zu lehren. Aus ihr entströmen sie und kehren wieder zurück."* (Zimmer, S. 152)

Wann immer ich das lese, erfasst mich für einen Augenblick ein tiefes Verstehen: *Das* ist das *Wunder* des Lebens, das GANZE, vollständige Dasein in allen Dimensionen! „Verstehen" ist lat. *comprehendere*, zusam-menfassen, umfassen: Derjenige, der „verstehen" will, muss sich *umfassen lassen* vom zu Verstehenden, sei es noch so fremdartig. Und sie *alle* umfassen: die „Laubgötter" und Grotesken, Odin, Dionysos, Mercurius, Shiva und Kosmischen Christus, die Weisheit des *Alls* – es ist unser schauendes und angeschautes *Selbst,* der (oder die) weisheitliche „Geliebte", die uns auffordern, den Dingen des Lebens so zu vertrauen wie sie sind. Und ohne verdunkelnde Fixierung auf kirchlich übernommene Vorstellungen seiner Führung zu folgen, um *teleios,* vollständig zu werden – und das heißt auch: „erlöst". Erlöst, weil dieses Christusgeheimnis alle beschränkten Vorstellungen und Überschreibungen „heidnischer", gleichwohl gehaltvoller Anschauungen überschreitet in die geistige Freiheit einer „Auferstehung" des Durchschauens hinein oder besser *hinaus,* durch welche wir auch alles „Weltliche" und Natürliche in seiner ganzen Fülle von diesem Geist durchdrungen und belebt sehen können.

Symbolbilder

„... frei für eine endlose Möglichkeit anderer Bilder"

Nach Tagen, in denen ich ratlos nach einem meine Vision zusammenfas-
senden Christus-Bild gesucht habe, fällt mir endlich mein übergeordne-
tes Tagore-Leitmotiv wieder ein: Aber ja! Ein Symbol muss *frei für eine
endlose Möglichkeit der Bilder" sein!* „Christus" ist ein solches Symbol, und
jeder Versuch, es „in den Griff" (= religiös verfügbar) zu bekommen, presst
es auf eine „hantierbare" Formel zusammen, schafft eine *„Gottesfinsternis",*
wie Willigis Jäger sagen würde! Jeder lebendige Geistfunke ist dann entwi-
chen. Denn der Geist weht wo er will und lässt sich nicht irgendwo fest-
schrauben, sei's ein Kreuz oder der Thron eines Weltenrichters oder sonst
eine populäre Vorstellung, auf die wir unsere „Christus"- Bild reduziert
haben.

Stundenlang hatte ich meine Sammlungen durchforscht immer wieder gebannt von der Schönheit und spirituellen Strahlkraft einiger Ikonen und in Versuchung, sie um ihrer Schönheit willen als Schlusspunkt
herauszu*greifen (!)* – und immer wieder hat mich meine innere Stimme
gewarnt, weil ich damit doch wieder nur diese *„zu feste und starre Form",*
die „Christus" in unserer unterschwelligen *„Gottesfinsternis"* angenommen
hat, betonen würde, die ich doch ausgezogen war, zu hinterfragen.

Nun liegen alle Tische, im Arbeits-, Wohn- und Gastzimmer (dort
auch das Bett) voll mit aufgeschlagenen Büchern, gespickt mit Klebemar-
kierungen, überall da, wo ich auch Symbole Christi gefunden habe, von
denen viel zu viele, die sich „Christen" nennen, nichts wissen – oder nichts
wissen wollen.

Ich muss auswählen, denn so faszinierend diese Bildsymbole – meist
aus den frühen Tagen des Christentums – in Bezug auf ihren teilweise
weit verzweigten Hintergrund sind, rät mir selbst meine variantenreiche
„Geheimgesellschaft", mich zu beschränken.

Also hilft wieder einmal nur der kaleidoskopische Symbolblick, der die
Beweglichkeit akzeptiert, mit der schon bei der geringsten Perspektivände-
rung ein neues, überraschendes Muster erscheinen kann.

Selten werden wir also im Folgenden dem Christussymbol in der allgemein vertrauten Gestalt begegnen – und auch da in vielleicht erstaunlichen

Bezügen, die bei manchem Kopfschütteln hervorrufen könnten. Alle werden sie vielmehr den Horizont immer noch weiter spannen. Manches wird vielleicht „verwirrend" sein und „verwunderlich", wie es im Logion 2 des Thomasevangeliums (vgl. Einführung) steht, aber wir werden auch zunehmend erfasst werden von der „*All*-umspannenden" Dimension dieses großen, geheimnisvollen Symbols, in die wir – meist ohne uns dessen bewusst zu sein – unmittelbar einbezogen sind in unseren tiefsten Lebensbezügen, wie es Rainer Maria Rilke in seinen Gesprächen mit Gott im „Stundenbuch" beschreibt (Gedichte, S. 201):

Nur eine schmale Wand ist zwischen uns
durch Zufall; denn es könnte sein,
ein Rufen deines oder meines Mundes bricht sie ein
ganz ohne Lärm und ohne Laut.
Aus deinen Bildern ist sie aufgebaut.

Menschengestaltige Christussymbole und ihre Attribute

Vor mir habe ich nun als Erstes die Abbildung eines Wunderwerks der Goldschmiedekunst aus der Mitte des 4. Jahrhunderts, einen liturgischen Kelch aus Antiochien (Abb. 17). Er ist über und über mit früchtetragenden Weinranken und Weinlaub bedeckt, und erst auf den zweiten Blick sehen wir, dass diese gigantische „Weinlaube" bevölkert ist mit Vögeln und menschlichen Gestalten, die geradezu darin zu „wohnen" scheinen – und wir sehen den *Thronenden Christus* mit weit ausgebreiteten Armen. Auf etwa gleicher Höhe ein großer Vogel, der eine Taube sein könnte, die in diesem Kontext an den Hl. Geist denken lässt, denn *„der Herr ist der Geist"* (2. Kor. 3,17)

Und überall im Geäst dieses riesigen Weinstocks weitere menschliche Gestalten, die sich an den Trauben zu laben scheinen. Doch das beherrschende Element bleibt der ungeheure, den ganzen Kelch umfassenden „Wein-Hain", der wie ein Tempel aus dieser mythisch überhöhten Pflanze, ja wie ein natürliches und zugleich himmlisches Elysium für seine Bewohner anmutet. Tatsächlich waren Wein, Weinstock und Reben von Alters her mit Paradiesverheißungen, mit Heilung, Heiligung, Wandlung und Unsterblichkeit verknüpft – die Kunstgeschichte findet Zeugnisse dafür im gesamten vorbiblischen Raum, ja, schon im Alten Reich Ägyptens, wo er im Neuen Reich enorm an Bedeutung gewinnt und auch mit den Wiedergeburtsriten des Osiris verknüpft wird, diesem großen „mythischen Vorfahren" des Christus.

Die spanische Kunsthistorikerin Ana Maria Quiñones hat in ihrem phantastischen Buch über Pflanzensymbolik in der Kunst auf über 40 großformatigen, doppelspaltigen Seiten eine Fülle von Belegen für die menschheitsgeschichtlich bedeutsame Funktion und Symbolik des Weinstocks im orientalischen, mediterranen Raum (und darüber hinaus) zusammengetragen. Wer sich damit befasst, kann nicht mehr an seiner universalen symbolischen Verbreitung zweifeln. Vor allem nicht daran, dass Johannes, wenn er Jesus sagen lässt, *„ich bin der Weinstock und ihr die Reben"* auf Heilsbringer-Traditionen zurückgreift, deren Wurzeln um Jahrtausende älter sind als der Mythos von Jesus, dem Christus. Und wie Weinstock und Weintraube schon als Attribute und selbständige Symbole für Osiris und Dionysos stehen konnten, so weisen sie auch überall in der christlichen Kunst

Abb. 17
Thronender Christus mit Aposteln im „Weinreben-Tempel"
(Antiochia, Mitte 4. Jh, heute Metropolitan Museum New York)
Die Abbildung zeigt einen liturgischen Kelch aus Antiochia, ein wahres Wunderwerk syrischer Goldschmiedekunst. Der Kelch ist rundum mit fruchttragenden Weinranken bedeckt, die „bewohnt" sind von Menschen und Tieren: Links sehen wir den Thronenden Christus, seine Apostel sind im Gezweig verteilt. Ein großer Vogel gemahnt an den Hl. Geist in Gestalt der Taube, denn das Wandlungsgeheimnis des Geistes macht das zentrale und universale Thema der Weinsymbolik aus. Darum wurde der Weinstock seit Urzeiten kultiviert und gehört zentral zu den Mysterien des Osiris im Alten und Neuen Reich Ägyptens, welche bis ins 5. Jahrhundert auch die hellenistische Epoche noch belebten. Spätestens seit dem 1. Jh n. Chr. befasste man sich im griechisch geprägten Raum (so etwa Dioskuros in seiner Materia medica) jedoch auch naturwissenschaftlich ausgiebig mit den physisch-therapeutischen Kräften, die nicht nur dem Rebensaft, sondern allen Pflanzenteilen des Weinstocks bei entsprechender Aufbereitung eigneten. Vor allem den wild wachsenden Arten sprach Dioskuros erstaunliche Heilkräfte zu (vg. dazu Ana Maria Quiñones, S. 229 ff). Damit wurde dem Wein aber durchaus nichts von seiner kultischen Bedeutung in den Mysterienfeiern (nicht nur des Osiris und Dionysos) genommen. Der Kelch ist Teil eines sakralen Schatzes, der kulturhistorisch vielfältige Verbindungen zwischen den religiösen Traditionen im orientalischen Raum zwischen Ost und West zeigt und den Kunsthistorikern bis heute ungelöste Fragen aufgibt.

auf Christus hin und auf die Bedeutungsfelder von Tod, Wandlung, Wiedergeburt, Auferstehung, Unsterblichkeit und ewigem Leben. Wir werden diesem in so vielen Kontexten künstlerisch gestalteten Motiv später noch in eigenständigen ornamentalen Bezügen begegnen.

Dionysos, „der zweimal Geborene"

Die Münchner Antikensammlung bewahrt einen Schatz in Form einer von einem bereits namentlich bekannten Künstler, Eksekias im 6. Jh v. Chr. gestalteten attisch-schwarzfigurigen Schale (Abb. 18). Die Mysterien des Dionysos sind wesentlich differenzierter, als die etwa in hellenistischer und römischer Zeit Bacchanal-Darstellungen (gr. *Dionysos* = röm. *Bacchus*) mit lüstern-betrunkenen, gehörnten Satyrn und enthemmten Mänaden vermuten lassen, deren Vorstellungswelt sich in der Tafelmalerei des 17.-19. Jahrhunderts noch verfestigt hat. Der „echte" Dionysos, den wir auf der Schale in einem eleganten fischköpfigen Kahn unter weißem Segel und einem überwölbenden Weinstock als majestätisch ruhende, gekrönte Gestalt dahingleiten sehen, von seinen Symboltieren, den Delphinen umspielt, ist – wie der Messias – verbunden mit Verheißung und Erwartung. Seine Ankunft, alljährlich zu Frühjahrsbeginn herbeigesehnt, bedeutet Wandlung und neues Leben, insofern wird er – wie auch später der christliche Messias – als ein *„ankommender Gott"* gefeiert. Das Mythenspektrum um seine bedrohte Geburt, seine Zerstückelung und Wiedergeburt ist vielfältig, immer wieder überlagert durch Variationen von Dichtern und Geschichtenerzählern aus verschiedenen Provinzen. Es gibt keine „kanonische", verbindliche Darstellung wie des christlichen Mythos in den Evangelien. Doch zeigen einige gemeinsame Mytheme Verwandtschaft mit Osiris und Christus. Zentral dabei die Urfragen der Menschheit nach Tod und Auferstehung, zwar immer noch gebunden an zyklisch wiederkehrende Natursymbolik, aber doch spirituelle Elemente enthaltend, die weit darüber hinausgehen. Verbindendes Symbolmotiv ist der Wein, die rätselhaften Vorgänge, die sich bei seiner Umwandlung im Verborgenen vollziehen, und so auch geistige und seelische Wandlungsprozesse im Menschen spiegeln: die zweite Geburt als Geburt aus dem Geist.

Abb. 18
Dionysos als „ankommender Gott"
(Schale des Eksekias, attisch-schwarzfigurig, 540-530 v. Chr. München, Antikensammlung)
Wir sehen hier den Gott Dionysos mit Krone und Füllhorn in königlicher Pose in einem eleganten, fischförmigen Schiff, aus dem ein riesiger überwölbender Weinstock mit prallen Früchten wächst, übers Meer segeln, das Schiff ist umspielt von Delphinen, die später auch Symbole Christi sein werden. Das weiß geblähte Segel verheißt rasche Ankunft, denn Dionysos wird in Athen sehnlich erwartet zu den 3-tägigen Feiern der Anthesterien, kurz vor dem März-Vollmond (das heutige Osterfest wird am 1. Sonntag nach dem Vollmond zu Frühlingsanfang am 21. März gefeiert). In den Anthesterien dankt man für die zweite stille Gärung und Vollendung (also Wandlung) des neuen Weins, dessen „Auferstehung" aus seiner dunklen Lagerstätte. Der das Jahr über geschlossene Tempel des Dionysos wird bei seiner Ankunft geöffnet. Wie dem Isis-Osiris-Kult huldigten im römischen Reich bis ins 5. Jh viele Gebildete dem Dionysos-Bacchus, und mancher Kirchenvater war sich der Parallelen zu den Christusmysterien bewusst. So lebt auch die Vorstellung des „ankommenden Gottes" im Christentum weiter (Advent, von lat. *advenire* = ankommen). Das früheste bekannte Kirchenlied besingt ebenfalls die Ankunft des „Herrn": „Es kommt ein Schiff, geladen bis an sein höchsten Bord. Trägt Gottes Sohn voll Gnaden, des Vaters ewigs Wort." (EKG Nr.8)

Der Gute Hirte, Orpheus, Widderträger und Hermes/Merkur

Kehren wir nach diesem Blick auf den prominenten „Vorläufer" und die lange schon vorhandenen Weinsymbolik zurück zum christlichen Symbolbild: Ein weltbekanntes Bild des Auferstandenen als dem „Guten Hirten" findet sich in Ravenna (Abb.19a) und stammt aus dem 5. Jahrhundert. Es bedarf kaum einer Interpretation: Wie auf einer Theaterbühne und in beeindruckender landschaftlicher Kulisse ist Christus hier als Friedensbringer in völliger Harmonie mit der Natur, Erde, Pflanzenwelt und Tiere inszeniert.

Wesentlich komplizierter wird es auf einem Fußbodenmosaik aus dem 4. Jh in der Basilika von Aquileia (Italien, Abb. 19b). Auch dort begegnen wir dem „Guten Hirten", wie er ähnlich in einigen Katakomben und Plastiken dargestellt ist. Ganz offensichtlich ist er in der Tradition des *Orpheus* gedacht, denn in der freien Hand trägt er dessen Leier. *„Gesang ist Dasein"*, heißt es bei Rilke im 3. Sonett an Orpheus. Der Gute Hirte ruft also ins Dasein, ist ein Symbol der Versöhnung von Mensch und Natur. Mehr noch: Selbst der Gott der Unterwelt wurde durch diese *„Musik des Daseins"* bezaubert, sodass er Orpheus erlaubte, seine durch einen Schlangenbiss umgekommenen Frau Euridike aus der Unterwelt, aus dem „Nichtsein" ins „Dasein" zurückzuholen. Orpheus jedoch konnte der Bedingung, sich nicht nach ihr umzuschauen, nicht widerstehen, und seine weiblich-liebende Hälfte blieb im Dunkel verloren (bis heute?). In seiner Verzweiflung weihte er sich dem reinen, entsagenden Dienst des Apoll, worauf ihn die weiblichen Schattengestalten des Dionysos, die Mänaden, in Stücke rissen. Seine Leier aber und sein Haupt, als „Geistorgan" , waren unzerstörbar und so hört der orphische Gesang nie auf, zu rufen ...

Trotz gewisser ähnlicher Mytheme gibt die weitverbreitete Parallele Orpheus/Christus Rätsel auf. Die in unserem Bild nicht geringer werden, denn Christus/Orpheus ist zugleich als *Widderträger (gr. kryophoros)* dargestellt, als *Hermes/Merkur,* der Schutzgott der Herden. Damit könnte die Verwirrung komplett sein, denn Hermes ist auch der *Widderopferer,* und bekanntlich sind Widder und Lamm auch Symbole Christi und spielen schon in Ägypten eine hervorragende Rolle.

Abb. 19a
Christus als Guter Hirte (Joh 10/11)
(5. Jh, Mosaik, Mausoleum der Galla Placidia, Ravenna)
Christus mit goldener Aureole und Siegeskreuz, ruhend in reichlich pflanzenbewachsener, kulissenartig
gebauter Landschaft. Er ist umgeben von seinen Schafen. Ein eigenartiger Kontrast herrscht zwischen
der seitlichen Hinwendung der ausgestreckten linken Hand zu einem zutraulich zu ihm aufblickenden
Schaf, während Christus mit abgewendetem Gesicht den Blick in die entgegengesetzte Richtung richtet. So
erscheint er nicht den Tieren und ihrer Daseinsebene zugewandt, sondern eher wie darin posierend und über
die ganze „diesseitig" inszenierte Szenerie hinweg in unbestimmte Ferne schauend.

So ist Hermes eine große, außergewöhnlich vielschichtige und bedeutsame Gottheit. Wie die des Orpheus sind seine Geheimnisse „nur Eingeweihten" zugänglich – unser Wort „hermetisch" (= verschlossen) deutet darauf. Ebenso, dass jede Philosophie oder theologische Überlieferung
einer „Hermeneutik" bedarf, einer Auslegung, welche tiefgründiges Befassen damit erfordert – und, recht betrieben, eine innere Wandlung bewirkt.
Die herausragende Rolle des Hermes als *Mercurius* in den Geheimwissenschaften habe ich bereits angedeutet. Er ist der nicht fassbare, quickleben-
dige (in der Alchemie ist ihm als Metall das Quecksilber zugeordnet) Geist
der Wandlung schlechthin. Und noch eine Besonderheit dieses „schwer zu

Abb. 19b
Christus als widdertragender Orpheus
(Basilika von Aquileia, Italien, 4. Jh, Fußbodenmosaik)
Drei Erlöserfiguren der Spätantike sind hier verschmolzen in eine einzige:
Christus als Guter Hirte mit dem verlorenen Schaf, Hermes (röm. Merkur) als „Kriophoros", Widderträger,
der Schutzgott der Herden und Seelenführer durch alle Daseinsebenen, Orpheus, welcher Mensch und
Natur versöhnt und die Welt mit seinem Gesang ins „Dasein" ruft und ebenfalls tiefe Erfahrung mit Tod,
Unterwelt und Lichtwelt (samt ihren Schatten) gemacht hat und in der Spätantike (ebenso wie Hermes)
eine bedeutende Kultfigur mit eigenem Schöpfungsmythos und Einweihungsmysterien war, der bis
ins 5. Jh besonders die gebildeten Schichten zuneigten. Die Darstellung zeigt, in welchem komplexen,
religionsübergreifenden Bedeutungsradius das frühe Christentum Christus noch sehen konnte, ohne
exklusive Abzugrenzung und ohne Substanzverlust für den eigenen Glauben.

fassenden" Gottes: Er ist der einzige Olympier, der *ungehinderten Zugang zu allen Sphären* hat: Himmel, Erde und Unterwelt. Dazu braucht er keine Erlaubnis (wie etwa bei Orpheus), im Gegenteil, er ist sogar Geleiter der Toten dorthin. Und: Es ist seine angestammte Aufgabe alles mit allem zu verbinden. Wodurch er zugegebenermaßen auch immer wieder Verwirrung stiftet – die aber auch heilsam sein kann (S. Th.-Lg 2).

Mögen diese wenigen Hinweise vorerst genügen um zu zeigen, dass wir zurückhaltend sein sollten mit dem Beharren auf „ein-deutige" Christusbilder. Würde sich seine Symbolik reduzieren lassen auf die wenigen Typen, die den meisten Christen bekannt sind, wäre er nicht „Christus", sondern ein zum „Idol" (also zum „Götzen") gemachter Jesus. Aber wer gelernt hat, mit symbolischem Weitblick zu schauen, Verwirrung und Verwunderung (Thomas Lg. 2) nicht zu scheuen und die Bilder zum Tanzen zu bringen, der spürt mehr und mehr, wie auch das Christus-Symbol (wie Shiva!) den Kosmos zu Tanzen bringt. Anstatt Bilder wegen ihrer „synkretistischen" Vielfalt abzuwerten, täten wir sicher besser daran, ihre *integrative Weite* wahrzunehmen: Wo der Geist Christi weht, wird kein altehrwürdiger Hintergrund ausgeschlossen, vielmehr müssen wir alle engen Denkgrenzen *überschreiten*. Das „*All*" (s. Anfang) kann nicht ex-klusiv sein: Wie sollte sich sonst weiter und weiter ein Bewusstsein transzendenter Möglichkeiten entfalten können?

Abb. 20a
Der Fisch
(Mosaik, 4. Jh, Theodor-Kapelle in Madaba, Jordanien)
Delphine sind nicht nur Begleiter des Dionysos, sondern auch Symbole Christi mit dessen Erscheinen man den Beginn eines neuen Zeitalters in Verbindung bringt. Aufgrund der Präzession wanderte damals der Frühlingspunkt in das Sternbild der Fische (vgl. Jung, GW 9/II, S. 81 ff). Das griechische Wort für Fisch ist *ichthys*, worin Tertullian (um 200 n. Chr.) ein Akronym des Titels *Iesus Christus Theou Yos Soter* (Jesus Christus Gottes Sohn Retter) sah.

Abb. 20b
Lebenskreuz, Anker und Fische
(Mosaik, 4. Jh, Nationalmuseum Bardo, Tunesien)
Der in die Tiefe tauchende Delphin umschlingt einen Anker, der zugleich ein Lebenskreuz symbolisiert, aus der ägyptischen Tradition als Ankh, Henkelkreuz bekannt. In frühchristlicher Zeit findet man solche Kreuze auch in der Hand Christi. Da Fische auch die Zone über der dunklen Meereszone bevölkern, scheint das „untere Wasser" eine Art Höllentiefe darzustellen, entsprechend dem Abstieg Christi nach der Kreuzigung. Dass hier Christussymbol und „hermetische" Geheimsymbolik miteinander verschlungen ist, zeigt nicht nur die Inschrift „Hermes", sondern auch die Art, in der sich der Delphin um den Anker schlingt, was an den Lebensstab (Caduceus) des Hermes/Merkur denken lässt.

Tiersymbole: Fisch, Einhorn, Phönix, Taube

Um zu zeigen, dass Christus-Präsenz sich in der Ikonographie der Jahrhunderte tatsächlich in einer fast „endlosen Möglichkeit" von Bildern zeigen kann (und sich bis ins 4. Jh. hinein mit den Mysterienfiguren der Zeit überdeckt) seien noch einige wenige aus der Welt der Natur und des Ornaments vorgestellt.

Allen voran der *Fisch.* In vielen Mythen ist er der durch Verfolgung in diese Gestalt verwandelte messianische „Retter" (gr. *soter*). So auch Christus. Doch auch als Begleiter des Dionysos haben wir auf Abb. 18 schon Delphine gesehen. Nun begegnen wir diesem Fisch wieder etwa im Mosaik einer Kapelle (4. Jh.) Jordanien (Abb. 20a). Schon im 2. Jh spricht Tertullian in seinem Traktat *„über die Taufe"* von Christus als *„unserem Fisch (ichthys)".* In ICHTHYS sind die Anfangsbuchstaben des Titels *„Iesus Christus Theou Yos Soter"* (Jesus Christus Gottes Sohn Retter) zusammengezogen. In der Taufe hat das Wasser geistige Bedeutung, die dann auch auf das Fischsymbol übergeht als Symbol des geistigen Lebens, das durch die Tiefen hindurch zur Auferstehung gelangt ist.

Dies illustriert in besonders komplexer (und gehörig verwirrender) Weise ein Mosaik aus Nordafrika (Abb. 20b). Dort sieht man einen Delphin ins Meer tauchen, entlang der Vertikale eines *Ankh*-Kreuzes, das zugleich ein Anker ist. Das *Ankh* oder *Henkelkreuz* ist ein Lebenssymbol, das weit zurück in die ägyptische Religion reicht. Über der Figur lesen wir den Namen „HERMES" – was inzwischen schon kaum mehr überraschen kann. Wenn ich das Darunterstehende (unter Ergänzung von Buchstaben-Auslassungen) richtig erahne, geht es um eine *Verbindung* („CONIUGI") und den Sohn (FIL[ius]), sowie um die Süße (DULCIS) des Vorgangs, welche Merkmal des Vorgangs mystischer Vereinigung ist. Der Delphin (Christussymbol) umschlingt hier den Anker (Christussymbol) wie die Schlange den Stab des Äskulap (auch ein „Heiland") oder wie einen *Caduceus,* den Wandlungsstab des Hermes/Merkur.

Man kann auch an diesem Beispiel sehen, dass das „Christentum" nicht als exklusiver Solitär vom Himmel gefallen ist, sondern vielerlei längst Vorhandenes in sich aufgenommen und sich anverwandelt bzw. umgedeutet hat.

Abb. 21
Einhorn, mit Palmen umkränzt
(12. Jh, Syrien, byzantinische Keramik, Nationalmuseum Damaskus)
Das Einhorn bestimmt, medaillonartig eingerahmt, die Mitte eines flachen Tellers. Es ist von Blumen und der Andeutung einer grünenden Landschaft umgeben. Das Mittelbild ist umkränzt von Palmwedeln. Die Griechen nannten die Palme *phoenix*, was eine interessante Brücke zum hier nächstbeschriebenen Symboltier Christi herstellt. Jedoch spielt die Palme schon in der religiösen Kunst der Sumerer und Phönizier seit dem 4. Jahrtausend v. Chr. eine Rolle, was die gewaltige Kontinuität des Symbols bis zu unserer im Byzantinischen Reich gefertigten Schale herstellt. Als Palmbaum bezeichnet sich die göttliche Weisheit (Sir 23,18). Palmzweige waren von jeher Siegeszeichen, und als Symbole des Heils schmücken sie bis in heutige Zeit die christlichen Festtage, etwa am Palmsonntag, wo der Einzug Jesu in Jerusalem gefeiert wird: „[Sie] nahmen Palmzweige und gingen hinaus und ihm entgegen und riefen: Hosianna, gelobt sei, der da kommt im Namen des Herrn, der König von Israel!" (Joh. 12, 13)

Das Einhorn

ist ein weiteres, fast in Vergessenheit geratenes Christussymbol (Abb. 21).
Wie der Fisch (etwa in Gestalt des Leviathan) ist auch das Einhorn ambiva-
lent besetzt. Es ist jedoch ein sehr altes, vielleicht nahezu universales Symbol – ein vermutlich indisches Lackkästchen mit einem lächelnden reich
geschmückten Einhorn mit goldenen Hufen, ruhend inmitten von blühenden Lilien (Symbole der göttlichen Weisheit) beherbergt in meinem
Madonnenwinkel eine türkische (!) Gebetskette, die in meiner Morgenmeditation eine wichtige Rolle spielt. In China wird das Einhorn schon im
3. Jahrtausend v. Chr. genannt und gilt als heiliges Tier, dessen Erscheinen
ein gutes Vorzeichen ist, denn es liebt die Einsamkeit und lässt sich von
niemand fangen. Im „*Physiologus*", einer heute skurril anmutenden, etwa
um 150 durch Zusammenfließen von hellenistisch-zoologischen Betrach-
tungen und spätjüdisch-christlichen Allegorien entstandenen Sammlung
von Symboltieren, wird berichtet, dass immer wieder eine große Schlange
den See, aus dem die Tiere zu trinken pflegen, vergiftet. Doch das Einhorn
geht in den See hinein und schlägt ein Kreuz mit seinem Horn, worauf das
Gift verschwindet, und alle davon trinken können. Das Einhorn ist also
das reinigende und reine Tier. Auch seinem Horn werden magische Kräfte
zugeschrieben. Doch es ist nur von einer Jungfrau zu fangen, weshalb es
im Mittelalter vielfach variiertes Fabel- und Bildmotiv ist für Maria (von
der es sich zähmen lässt) und Christus als Braut und Bräutigam. Im 4. Jh.
vergleicht Ambrosius, Bischof von Mailand, Christus mit einem „*Spiri-
tualis Unicornis*" (geistlichen Einhorn), das den „eingeborenen" *(unigeni-
tus)* Sohn Gottes versinnbildlicht. Die Jagd auf das Einhorn, das in den
Schoß der Jungfrau flüchtet, wird als Passion Christi gedeutet. Die Alchemie bringt es jedoch auch in Zusammenhang mit Mercurius, aus dem
Horn des Einhorns wird das Arcanum, die Wandlungssubstanz gewonnen.
C. G. Jung hat der Einhorn-Symbolik in seinen Studien über alchemistische Vorstellungen einen ausführlichen Teil gewidmet (GW 12, S. 495 ff).
Zu denken wäre vielleicht auch noch an das Ideal all jener Meditations-
formen, die „Einspitzigkeit", das heißt absolute Einfachheit und auf das
Einssein mit allem gerichtete Konzentration anstreben.

Abb. 22
Phönix
(Mosaik, 5. Jh, Antiochia, Museé du Louvre, Paris)
Wie die Mosaiken von Ravenna ist auch diese Darstellung ein künstlerisches Wunderwerk der Präzision. Vor einem Teppich mit rot aufblühenden (oder soll man sagen „aufflammenden"?) Knospen, die das überall aufbrechende neue geistige Leben „des Phönix aus der Asche" symbolisieren, steht das große Symbol der Auferstehung Christi auf einem ikonographisch angedeuteten Berg von Golgatha. Der Phönix ist das mythische Wesen, das sich selbst im Feuer opfert, um den Kosmos zu erneuern. Von seiner Aureole strahlen fünf gewaltige Strahlenbündel hervor, die man als aus den fünf Wunden Christi hervorbrechend deuten könnte, die Überwindung des vierarmigen Kreuzes durch das Hervortreten der allesverbindenden Mitte. Fünf ist eine Zahl der Hoffnung und Verheißung des Neuen, welches die „Kreuzigung" in einem Schritt des „Darüberhinaus-Denkens", der radikalen Transformation, überschreitet. Der Vogel steht majestätisch aufgerichtet, sein Blick ist nach oben gerichtet - ein Symbol der Überwindung des Leidens in der Materie durch den Geist und der Wandlung in ein „ewiges Leben".

Der Phönix

Es ist interessant, dass der „Physiologus", dessen ausdrückliches Bestreben ja ist, Allegorien *Christi* zusammenzustellen, immer wieder sehr ausführlich auf andersreligiöse Hintergründe dieser Bildsymbole hinweist. So etwa beim **Phönix** (Abb. 22), einem der großen phantastischen und universalen Symbole der Auferstehung und Unsterblichkeit. Sich beziehend auf Joh. 10, 17-18 (*„Ich habe Macht, mein Leben zu lassen, und ich habe Macht, es wieder zu nehmen"*) führt der Physiologus aus: *„Es gibt einen Vogel in Indien, der heißt Phönix, von Gestalt schöner als der Pfau. Denn der Pfau wirkt durch das Grün und Gold und die Farbe seiner Federn, der Phönix aber durch Hyazinthe und Smaragde und andere kostbare Steine … Und nach fünfhundert Jahren fliegt er in die Wälder des Libanon und füllt seine Flügel mit Gewürzen. Und er erscheint dem Priester in Heliopolis im Neumond Nisan oder Adar, das ist im Phamenoth oder Pharmuti. Der Priester, dem er sich gezeigt hat, geht und füllt den Altar mit Rebenholz. Der Vogel kommt nach Heliopolis, beladen mit Gewürzen, und steigt auf den Altar, er selbst entzündet das Feuer und verbrennt sich. Am nächsten Morgen sucht der Priester den Altar ab und findet ein Würmchen in der Asche (S. 18/19).* Es folgt nun eine allgemeine „naturwissenschaftliche" Erklärung der Metamorphosen von „Würmern" (Larven) in Bienen etc., die im Hinweis auf die Auferstehung Christi münden.

Diese phantastische Legende zeigt, wie mühelos man sich etwa im 2. Jh n. Chr. über religiöse Eingrenzungen hinwegsetzte: Der Phönix, der übrigens auch in China ein sowohl *lunar* (= mondsymbolisch) wie auch *solar* (= sonnensymbolisch) besetztes Wunderzeichen ist, kommt hier aus Indien, belädt sich in den Wäldern des Libanon mit duftenden „Gewürzen" – was wiederum nicht nur an das Hohelied (5,9), sondern insgesamt an die Selbstbeschreibungen der Weisheit in den biblischen Weisheitstexten voller schönster Natursymbolik erinnert und fliegt zum Neumond (Konjunktion von Sonne und Mond = Symbol der „Heiligen Hochzeit") nach „Heliopolis", zum ägyptischen Kultort des *Sonnen*gottes, und zwar im Monat Nissan, der nach hebräischem *Mond*kalender in die Zeit zwischen März und April fällt. Dort wird der Altar mit „Rebenholz" (!) bestückt und der Wundervogel opfert sich im selbst entzündeten Feuer in eine neue Wiedergeburt hinein. Indien kennt den Feuergott Agni, dessen

Abb. 23
Tauben, sich an den Früchten der Lebensquelle labend
(Mosaik in der Basilika San Vitale, 6. Jh, Ravenna)
Hier sind gleich mehrere Symbole Christi vereint: Der Kelch (gr. *krater*), der das Lebenswasser enthält und aus dem ein üppiger Weinstock mit prachtvollen Trauben wächst, und die Tauben - denen in ähnlich symmetrisch aufgebauten Darstellungen, etwa in römischen Villen, auch Pfauen entsprechen können. Pfauen und Tauben eint in diesem Kontext das Symbol der geistigen Unsterblichkeit. Dabei weisen Pfauen eher auf die verheißene Pracht des Paradieses, während Tauben eher den Aspekt der Unschuld und geistigen Reinheit Christi verkörpern und auch Symbole der Seele sind: Die Seele labt sich an Christus in Gestalt der Traube. Bemerkenswert auf dem Mosaik von San Vitale ist die Dreizahl: Drei Tauben, drei Trauben, eingebettet in eine Symmetrie, die stark betont ist durch die doppelspiraligen „Henkel" des Kelches, was den Eindruck einer zugleich belebten und bewegten, aber doch auch absolut klaren Ordnung und Ganzheit entstehen lässt. Das merkwürdige Zeichen auf dem gebauchten unteren Teil des Kraters kann sowohl als griechisches Kreuz, als auch als X, griechischer Anfangsbuchstabe des Namens Christi gedeutet werden.

Rauchsäule die Weltachse bildet, desgleichen zerstört und schafft Shiva durch das Feuer neu, Feuer ist Läuterung, heilige, weisheitliche Strahlkraft (überall in der Aura der Heiligen). Auf eindrucksvollste Weise werden hier Indien, Libanon, Weisheit, Ägypten, Sonnengott, Christus und astrologische Symbolik leichthin zusammengedacht! Antiochia, aus dem unser Bild (Abb. 22) mit dem Phönix im Strahlenkranz stammt, war das Zentrum des syrischen Christentums, in dem Handelswege aus aller Welt zusammentrafen. Sollte es uns nicht heute, im „globalen" Zeitalter, auf spiritueller Ebene ebenso möglich sein, über das Symbolische derartig weitverzweigte Weg-Verbindungen zu schaffen?

Taube und Pfauen

Um aus der Sphäre der Fabeltiere wieder in die Welt der Natur zurückzukehren nun zu einem symbolisch komplexen Mosaik aus San Vitale in Ravenna, in dem Tiersymbol, Pflanzensymbolik und Christusallegorik auf's allerschönste zusammmgefasst sind (Abb. 23). Die Mitte bildet ein Kelch, der das Wasser des Lebens enthält und aus dem fruchttragende Weinreben als Lebensbaum hervorwachsen. An der mittleren der drei prachtvollen Trauben labt sich gerade eine *Taube*, während zwei andere (oft sind es auch *Pfauen,* Symbole der Unsterblichkeit) unten symmetrisch am Fuß des Lebenskelches (oder Lebensbrunnens) sitzen, den Kopf ihm zugewandt. Nun hat unter allen Symboltieren vielleicht die Taube die älteste und fassettenreichste Symbolgeschichte, sodass es schwer sein wird, sie alle sinnvoll aufeinander zu beziehen. Sicherlich aber ist sie den meisten aus der christlichen Trinitäts-Ikonographie als Repräsentanz des Heiligen Geistes bekannt, was es schwer macht, sie nun auch auf „Christus" zu beziehen. Schwer wiederum vor allem, weil wir gewohnt sind in Ausschlüssen zu denken anstatt im symbolischen Überlagerungen. Das symbolische Leben kennt jedoch kein „Entweder-Oder", sondern vor allem weiträumige, beziehungsträchtige Beweglichkeit, wie sie dem seelischen Tiefengrund eigen ist.

Eine der schönsten, vielleicht ältesten Darstellungen einer Taube kenne ich aus Dura Europos, im Nordosten Syriens, die heute im Damaskus zu sehen ist. Dort begleitet die Taube die Göttin Ishtar – und es ist bestimmt selbst eingefleischten Christen kein Geheimnis mehr, dass die Taube lange bevor sie vom Christentum „in Dienst" genommen wurde, Begleiterin, ja Gefährte von Göttinnen war, ja, auch symbolisch für diese stehen konnte. Ikonographie und symbolische Deutungen oszillieren bis heute Zwischen „Unschuld", Frieden, „männlich" gedachtem *Heiligen Geist* und, hebräisch gedacht, inspirierender „weiblicher" Weisheit Gottes, *„Ruach"*, schöpferisch-inspirierendem Hauch. Der Hauch, der Lebensgeist, der auch Maria traf und in ihr den zeugte, der später „Christus" genannt wurde. Christus, der selber „Geist" ist (vgl. 2. Kor. 3,17). Wo Christus ist, ist auch Gottes Geist – und der verheißene „Friedefürst" (Jes 9,5), die Quelle inneren Friedens, weshalb die Taube dann auch losgelöst zum Symbol des Friedens wurde. So haben wir auf dem Mosaik von Ravenna gleich mehrere Symbole Christi auf mehreren Ebenen beieinander: In den Tauben, in den Trauben, im Weinlaub, im Weinstock als Lebensbaum, im Wasser des Lebens, das im Kelch (gr. *krater*) gefasst ist. Alles ist dynamisch aufeinander bezogen und miteinander verbunden zu einer einzigen, wunderbaren „Hieroglyphe", einem heiligen Zeichen oder Ornament – und zur Christussymbolik im Ornamentalen möchte ich nun zum Abschluss noch kommen.

Zeichensymbole

Das **Christusmonogramm** in Gestalt des griechischen *Xi Ro*, der griechischen Anfangsbuchstaben des Namens *CHR*istus findet sich häufig an den verschiedensten Orten: An Altären, Taufsteinen, in Schmuckbändern, und vor allem auf Sarkophagen, wie hier auf dem Sarkophag des Hl. Drausin aus dem 6./7. Jh (Abb. 24) Das Monogramm ist reichlich von Weinranken umgeben, das die Grabsymbolik aus dem dionysischen Hintergrund mitenthält und auch Anklänge an Efeu hat. Christlich überschrieben geht es hier aber um die Auferstehung der christlichen Seele. Auch die rechts und links angeordneten Akanthus-Stauden stehen schon in der Antike für das unzerstörbare Leben, das natürliche wie das geistige. Wunderbare Weinranken wurzeln in einem zentralen Dreiblatt und umspielen das zentrale Christusmonogramm mit den griechischen Buchstaben A und O, umgeben von drei Kreisen, die auf „Vollendung" und die Dimension der Ewigkeit hinweisen.

Abb. 24
Sarkophag mit Christusmonogramm und Ornamenten
(Sarkophag des Hl. Drausin, Ende 6./Anfang 7.Jh aus der Abtei Notre-Dame in Soissons, Musée du Louvre, Paris)

Alle Seitenteile des mit Säulen „tempelartig" eingefassten Sarkophags tragen das Christusmonogramm in Gestalt der griechischen Anfangsbuchstaben des Namens CHRistus (CHi Ro), ergänzt von den Buchstaben A und O und von Kreisen der Vollendung und Ewigkeit umgeben. Man könnte an eine besondere Schutzfunktion des Verstorbenen durch diese Monogramme denken. Besonders ausgeschmückt sind sie an der Längs- und Schmalseite. Auf der einen Seite ist das zentrale Christuszeichen sowohl innerhalb der drei umgebenden Kreise als auch außerhalb symmetrisch von Weinranken und deren Früchten umgeben. Ebenfalls symmetrisch angeordnet sind zwei Akanthuspflanzen mit je drei Blättern, die - genauso wie Wein und Efeu - schon in der vorchristlichen Grabsymbolik als Garanten des unzerstörbaren Lebens sowie der geistigen Transformation und der Wiedergeburt eine Rolle spielen. Auf der gegenüberliegenden Längsseite ist das Christuszentrum zusätzlich umgeben von Weizenähren und vierblättrigen Rosen, die ebenso auf antike Mysterien zurückweisen. Dasselbe gilt auch für die beiden flankierenden Rosetten. Beachtenswert ist das streng geordnete Wellenmuster, das den größten Teil der Seite einnimmt und wie ein in Ewigkeit sich ausbreitendes Kontinuum wirkt.

Interessant ist nun die andere Seite des Sarkophags. Wieder im Zentrum das Monogramm, diesmal aber umgeben von Weizenähren und drei vierblättrigen **Rosen** – ebenfalls sowohl Christussymbole als auch in antike Mysterientraditionen zurückweisend und vom Christentum aufgenommen. Dasselbe gilt für die beiden 12-strahligen **Rosetten** (oder **Margeriten,** die auf die mystische Perle deuten – gr. *margarites* = Perle). Sie sind in ein eigenartiges Wellenmuster eingelagert: Die Zwölf ist die Zahl der Vollendung, Erlösung und Ewigkeit, und möglicherweise sind sogar die bewegt wirkenden Wellen in diesem Kontext zu deuten, wie eine sich bis in die Unendlichkeit wogende Ausbreitung Aura dessen, „was die Welt im Innersten zusammenhält" – und doch unablässig in eine andere Dimension hineinwirkt – oder aus dieser heraus.

Rose und Rosette

Nachdem in der Sarkophag-Ornamentik das Thema der **Rosen** und **Rosetten** nun schon angesprochen ist, soll es im im Folgenden weiter ausgeführt werden, wenn auch doch nur in Andeutungen, denn das Symbol der Rose ist nicht nur universal, sondern auch von uferlosem Bedeutungsreichtum, den wir hier nicht ausschöpfen können (Gerd Heinz-Mohr hat ein ganzes Buch darüber geschrieben). Die Rose ist die Blüte der Blüten, Blume der Blumen, lat. *flos,* Inbegriff der Schönheit, Fülle und des Mysteriums des Lebens, der Schönheit, Vollkommenheit, der Sinnenlust. Ihr Duft ist von betörender Süße – und mir fällt wieder meine kleine Begegnung mit der Jasminblüte in meinem Garten ein, die mir ein „Ein-Fall" als Symbol Christi erscheinen ließ. Tatsächlich ist *jede* Blüte von alters her Symbol der Präsenz des Jenseits im Diesseits, des Immateriellen im Materiellen, wie eine Botschaft aus einer anderen Dimension. Die Rose aber ist auch aufgrund ihrer Widerständigkeit, die sie in Wildform aus kargsten Böden sprießen lässt, der Inbegriff dieser Botschaft geworden – und umfasst alle Symbolkreise von Aufblühen und Ver-blühen, Werden, Dasein und Tod. Als Rosette schmückt sie in unendlichen Variationen antike Tempel und christliche Kirchen: Hier auf Abb. 25 sehen wir nun zwei achtblättrige Rosen oder Rosetten und zwei kreisende Wirbel, welche das Motiv auf dynamische Art variieren, dieses wirbelnde Sein, in dem wir selbst vielleicht nur kurzlebige Wirbel sind, von Ewigkeit umschlossen. In

Abb. 25
Rosetten und Wirbel
(Langobardische Altarstütze in der Cattedrale Maria Assunta von Ventimiglia, Ligurien/Italien)
Die Kathedrale Maria Assunta von Ventimiglia, 1000 geweiht, hat zahlreiche Erweiterungen erfahren.
Ihr Unterbau ist eine vorromanische Hallenkrypta. An der Grenze zu Frankreich gelegen, wirkten
stark karolingische Einflüsse wie an dieser Altarstütze spürbar. Vier Rosetten sind hier auf raffinierte
Weise durch ein umschließendes und in sich zurücklaufendes, unauflösliches Band verbunden: Zeichen
mystischer Auffassung, in welcher alles mit allem verbunden geschaut wird. Aus den Schlingpunkten
sprießen Lilien, Zeichen erwachender Weisheit und sich entfaltenden Geistes. Dominiert wird die
Gesamtfigur aber durch je zwei Rosetten bzw. Wirbel, die sich diagonal gegenüberstehen. Die
achtblättrigen Rosetten haben eindeutigen Christusbezug: Christus als „Blüte" der Erkenntniskraft - im
Mittelalter wird die Rose als die Blüte schlechthin bezeichnet, lat. flos, Blüte der Blüten, Blume der
Blumen, die für den erwachten Geist in allem Seienden steht. Die zunächst statisch wirkende Ordnung
der Gesamtfigur wird konterkariert durch die beiden wirbelnden „Räder - das obere rechts- das untere
linksdrehend: Werdende und vergehende Wirbel des Lebens, zentriert in einem zentralen ornamental
stilisierten gleichschenkligen Kreuz.

Abb. 26
Die betonte Mitte
(Fragment eines westgotischen Frieses, Archäologisches Museum Cordoba, Spanien)
In den Ornamenten rechts und links sehen wir vierblättrige Rosetten kombiniert mit kreuzförmig
angeordneten und herzförmig nach innen gedrehten Voluten und daraus aufgehenden Lilienmotiven.
Markant betont ist dabei die Mitte durch ein perlenartiges Element, das als Christussymbol gedeutet werden
könnte (Matth 13,45), jedenfalls als Zentralpunkt, „Mitte der Welt", Punkt der Weltachse. Doch scheinen
die beiden gleich gearbeiteten Kreisbilder eher Begleiter des Kreuzes im Flechtkreis in ihrer Mitte zu sein,
das durch die griechischen Buchstaben A und O deutlich als Repräsentanz Christi erkennbar ist. Erstaunlich
bei der Gestaltung der Mitte dieses schön ornamentierten Kreuzsymbols ist jedoch, dass wir hier keinen
„ruhenden Pol" finden, sondern wiederum einen nach links, (also Transformation andeutenden) drehenden
Wirbel: Ein deutliches Signal, dass wir es jenseits aller konventionellen Bildfestschreibungen mit einer
eigentlich nicht fassbaren Energie zu tun haben, welche das dynamische Zentrum der großen kosmischen
Ordnung bildet.

der Mitte ein griechisches, also gleichschenkliges Kreuz, dessen Arme nach
außen hin Fortsetzung finden im Symbol aufgehender Lilien. Je eine „sta-
tische" Rosette und ein „dynamischer" Wirbel sind in einer Lemniskate
verbunden – ein symbolischer Kunstgriff der die vier Blüten zu einer Vier-
heit zusammenbindet- je länger ich diese auf den ersten Blick so ein-fache
Gestaltung betrachte, desto mehr komme ich ins Staunen und kann nur
empfehlen, jeder einzelnen Elementverknüpfung gehörige Zeit zur Meditation zuzuwenden, die Komplexität dieser langobardischen Altarstütze ist
enorm!

Die Betonung der Mitte

Dasselbe gilt nun freilich auch für die in Rosettenform eingebetteten Motive von Abb. 26, in deren Zentrum ein auf den ersten Blick schlicht zu deutendes *Kreuz* steht. Jedoch ist die Betonung der Mitte dieses Kreuzes außergewöhnlich: das Gebilde, das wir im Kreuzungspunkt sehen, ähnelt den Wirbeln der vorherbetrachteten Rosetten und weist uns überdeutlich auf den zentralen Punkt des Christusmysteriums hin: Nicht im vierbalkigen Kreuz selber liegt das Geheimnis – der Wandlungspunkt ist vielmehr dort, wo die Polaritäten von Ausgespanntsein zwischen Vertikale und Horizontale sich begegnen und die eigentliche Transformation bewirken. Es ist diese kein Ruhepunkt, wie wir ihn zumeist ersehnen, sondern die Aufforderung zur steten und doch beweglichen und dynamischen Bereitschaft zur Aussöhnung mit den Widersprüchen des Lebens. Die Schmuckelemente der Kreuzbalken sind in der Vertikale eher nach Innen gerichtet, in der Horizontale dagegen lilienartig aufgehend nach Außen. Immer geht es um die Versöhnung der Gegensätze, das Flechtband, welches das Kreuz kreisförmig umgibt könnte uns sagen wollen, dass vor die Ruhe im Kreis der Ewigkeit die willentliche Einbindung in das konkrete Leben von uns verlangt wird. Gerade die Betrachtung der Ornamentik zeigt also (und wird das auch im weiteren zeigen), dass Tagores Hinweis auf die „endlose Möglichkeit" symbolischer Bilder (in diesem Fall der christlichen) zu ihrer vollen Berechtigung kommt.

Abb. 27
Verflochtenheit
(Schrankenplatte, S. Vittorio in der Kapelle Ciel d'Oro, Mailand)
In der Mitte ein gleichschenkliges Kreuz mit einer kunstvoll geflochtenen Binnenstruktur, die Kreuzenden öffnen sich nach außen. Auffällig ist, dass dieses Kreuz sozusagen im „leeren Raum" steht, wie aus einer anderen Dimension erscheinend, während die gesamte Umgebung beherrscht ist von einem dicht geflochtenen Gitternetz: Eine stabile Schranke, sorgsam gewirkte Ordnungsstruktur gegen mögliches Chaos. Dennoch erscheinen in den Zwischenräumen auch Natursymbole wie Rosetten, Weintrauben, Weinblätter, lilienartige Gebilde und unendlich in sich zurücklaufende Knoten, was an keltische Vorbilder denken lässt. Insgesamt macht das Ganze den Eindruck einer kosmischen Verflochtenheit, die dem Gedanken Raimon Panikkars von Christus als „verbindendem Muster" nahe käme - wenn nicht die eindeutige Sonderstellung des Kreuzes in der bis auf kleine perlenarige Punkte leeren Mitte auch ein „Darüberhinaus" in einen offenen Raum suggerierte.

Das Geflecht

Waren die „*Verflechtungen*" in den bisher betrachteten Beispielen eher im Hintergrund gestanden, so spielen sie sich in dieser Schrankenplatte der Kapelle in Ciel d'Oro in Mailand als beherrschendes Element in den Vordergrund (Abb.27)

Die Mitte bildet ein gleichschenkeliges Kreuz mit einer kunstvoll und fest geflochtene bzw. gedrehten Binnenstruktur. Die Kreuzenden öffnen sich in teilweise daraus hervorgehenden Voluten nach außen. Das Kreuz ist umgeben von einem kreisrunden Flechtgebilde, das wiederum einmündet in ein vielfach verschlungenes Gewirk. Dies wirkt einerseits wie ein stabiles Gitternetz, ein sorgfältig hergestelltes, solides Ordnungswerk gegen das Chaos, das allerdings trotz der Bewegung in den Einzelsträngen auch etwas Starres hat. Andererseits lässt es doch immer wieder Zwischenräume frei, in denen Symbole des Lebens erscheinen, plastische Rosetten, Knotengebilde, die in sich selbst zurücklaufen in einer stetige Wiederholung suggerierenden Unendlichkeitsfigur, Weintrauben, sich entfaltende Dreiblätter, Kreuzformen und nach innen weisende Lilien, sodass das Ganze den Eindruck eines kosmischen Geflechts oder Gewirks mit vielfältigen Christussymbolen macht. Auffällig ist aber, dass das Gitternetz nicht mit dem zentralen Kreuz verbunden ist. Dieses scheint dadurch wie aus einer anderen Dimension zu kommen – vielleicht deutet der gepünktelte Hintergrund, vor dem es steht, auf diese Sphäre der Realitätsüberschreitung hin.

Abb. 28 a / b
Verbindendes Muster aller Erscheinung
(Westgotisch, mit verschiedenen Ornamenten, Archäologisches Museum, Barcelona)
Oben zwei rosetten- bzw. sternartige Symbole der Ganzheit, links in ein wabenförmiges Sechseck eingebettet, beide vom Kreis der Ewigkeit umgeben. Die achtstrahlige Blüte rechts könnte auch als Margarite gelesen werden (gr. „Perle"), in deren Zentrum die Perle, Symbol Christi als leidverwandelnde Kostbarkeit eingebettet ist.
Im unteren Teil überraschend ein mit kleinen Blüten durchsetztes universal verbreitetes netzartiges Ornament, das im Westen schon in archaischer Vorzeit den „Nabel der Welt" (Omphalos Abb. 28b) in Delphi umhüllt. Diesem Netz der allumfassenden Verbundenheit begegnen wir im christlichen Kontext auch wieder in der Kuppel eines dem Apostel Paulus geweihten Klosters in Äthiopien (vgl. Abb. 29).
Die Mitte zwischen Rosetten und „Lebensnetz" bildet nun aber in der westgotischen Schranke ein quadratisches Mittelfeld (Abb. 28a). Es ist abgesondert durch eine umgebende gedrehte Kordel und ein raffiniert verschlungenes Unendlichkeitsband, was seine Besonderheit und Bedeutung signalisiert. Das Erstaunliche daran ist, dass hier die Mitte durch ein völlig leeres, auf der Spitze stehendes Quadrat gebildet wird. Soll es uns davor bewahren, uns von der „Mitte des Seins", die wir „Christus" nennen, ein festes figürliches Bild zu machen? Offenen Raum zu lassen, für persönliche Erfahrung?

Verbindendes Muster alles Seins

Auf der Abbildung 28a aus dem Archäologischen Museum in Barcelona sehen wir nun zunächst ebenfalls eine Fülle von Symbolen vereinigt, die auf Christus als zugleich vielgestaltiges und die tausenderlei Formen des Da-seins verbindendes Muster verweisen.

Oben links zunächst ein sechsstrahliger Stern in einem Sechseck, umgeben vom Kreis der Ewigkeit. Der Stern oder auch Rosette der sechsblättrigen Rosette in diesem doppelten Rahmen könnte auf das Gesamt der Schöpfungsordnung hinweisen, das in sechs Tagen geschaffen wurde – das Sechseck kann sogar als Hinweis auf die wunderbare Ordnung der Natur gelten, die uns etwa in der Regelmäßigkeit der Bienenwabe immer wieder staunen macht. Daneben eine achtblättrige Blüte, die man sowohl als Rosette, als auch als Margerite sehen kann, zumal ihre Mitte wie durch eine Perle betont scheint. Ihr Name, „*margarites*" kommt aus dem Griechischen und heißt „Perle": die Perle wiederum symbolisiert die „*schwer erreichbare Kostbarkeit*", welche alle Gegensätze in sich amalgamiert – und, vom Naturvorgang her gesehen, aus dem Schmerz entsteht, welchen die Perle durch langsame, stetige und kostbare Umhüllung des unauflösbaren Schmerzerzeugenden abzumildern versucht und damit verwandelt und veredelt.

Im unteren Bereich der westgotischen Schrankenplatte bilden vier-blättrige Blüten nun ein bemerkenswertes Gitter oder Netz, welches seit uralter Zeit bekannt ist als den Kosmos ordnendes Muster. Das älteste im Westen bekannte Beispiel dürfte ein heiliger Stein in Delphi sein, der davon überzogen ist, bekannt als „Nabel der Welt" unter dem Namen „Omphalos", was auch allgemein einen Mittelpunkt bezeichnet und in der Frühzeit in Delphi verortet wurde, das auch später ein wichtiges Kultzentrum blieb. Dieses Muster hat offensichtlich derartig starke Symbolkraft, dass es heute in esoterischen Zirkeln unter dem Namen „*Blume des Lebens*" verwendet (um nicht zu sagen instrumentalisiert) wird.

In einem Buch über koptische Kunst fand ich es als leider schwer sichtbares Zeichen in der Kuppel eines dem Apostel Paulus geweihten Klosters (Abb. 29). „*Allumfassendes kosmisches Netz der Weltordnung*", „*Verbindendes Muster*" oder „*Blume des Lebens*" – jedenfalls strahlt es eine geheimnisvolle Kraft aus.

Abb. 29
Kosmisches Weisheits- und Lebensnetz
(Koptisch, Kuppelmalerei im Kloster des Hl. Paulus, Abu-Makar)
Dieses Netz der allumfassenden Verbundenheit ist in esoterischen Kreisen als „Blume des Lebens"
bekannt. Bemerkenswert ist, dass wir dieses „Netz" nicht nur bereits auf der westgotischen Chorschranke
(Abb. 28a) sahen, sondern auch in anderen Kulturen finden und weit in archaische Zeit zurückreichend
auch als den „Omphalos", „Nabel der Welt" im griechischen Delphi umspannend (Abb. 28b). Ursprünglich
der Erdgöttin Gaia geweiht, wurde der Stein später dem solaren Gott Apollon umgewidmet (vgl. Dienst
des Orpheus!). Apoll hatte einst die Urschlange, Python, getötet. Sie soll unter dem Stein begraben sein,
bewahrte aber an diesem Ort das geistige Urwissen der Welt und diente bis weit in klassische Zeit der
Menschheit als Orakel, deren Priesterin Pythia sich in Trance mit dieser universalen Weisheit verband. Nun
begegnen wir hier diesem Weisheitsnetz in der Kuppel eines dem Apostel Paulus geweihten Klosters in
Äthiopien (Abb. 29): Die Kuppel ist Symbol des Himmels und des geisterfüllten Kosmos überhaupt. Es ist
zu vermuten, dass es von dort - wie auch auf der westgotischen Schranken-Ornamentik (Abb.28a) - etwas
vom Geheimnis des Kosmischen Christus ausstrahlen soll. Zugleich lässt es aber - wie das leere Innenfeld
von Abb. 28 - auch ebenfalls offenen Raum für ein persönliches Christusbild.

Jedoch möchte ich noch einmal zu der für mich besonders bemerkenswerten reich symbolbefrachteten westgotischen Figur (Abb. 28a) zurückkehren.

Während die Felder darüber und darunter einen penibel geordneten Eindruck machen, strahlt dieses rundum von einer Schnur umschlossene quadratische Mittelfeld etwas anderes, Gelockertes, eigentümlich Ursprünglicheres aus als das Darüber und Darunter. Das liegt nicht nur an dem Sprung, an dem deutlich wird, dass es einmal zerbrochen war. Ein eher locker geschlungenes, plastisches Flechtgebilde ist so verbunden, dass sich zwei quadratische Innenfelder diagonal überlagern. Beide Felder münden in ihren Winkeln in ovale Schlaufen, sodass sich ein im Prinzip symmetrisches Ornament mit acht ovalen Schlingen bildet. Die Zwischenräume zwischen diesen mandelförmigen Schlingenenden wiederum sind besetzt mit aus kleinen Kugeln gebildeten sechsblättrigen Blüten oder Rosetten, deren Mitte jeweils eine gleich große Kugel bildet. Was auch immer sich der Künstler bei diesen Siebenergrüppchen gedacht hat, um einen Zufall handelt es sich sicher nicht, denn sieben ist ja sowohl „heidnisch" (7 Planeten) als auch jüdisch und christlich gedacht (7 Tage der Schöpfung, der 7. als gottgeweihter Ruhetag) in jedem Fall eine symbolisch hoch aufgeladene Zahl.

Und so halte ich es auch nicht für einen Zufall, dass das innerhalb des Schlingengebildes entstandene auf die Spitze gestellte quadratische Innenfeld ohne jede Ausschmückung geblieben ist: Ein Freiraum innerhalb dieser ansonsten jedes Fleckchen füllenden Ornamentenfülle. Kein Kreuz (wie in Abb. 27), kein Bild, keine irgendwie besonders gestaltete Rosette – einfach ein freies Feld, das wir mit unserer Imagination füllen können oder als Symbol eines Nicht-Darstellbaren, Transzendenten stehen lassen: als ur-sprünglichen heiligen „Temenos", ein Allerheiligstes also wie die Cella in alten Tempeln, oder als offenen, mystischen Raum zur „Einwohnung" der ewigen Weisheit als universalen Hintergrunds alles Erscheinenden – die wir im Christentum in feste Bilder gepresst haben. Und dabei vergessen, dass wir die Frage nach „Christus" ganz bewusst für die je persönliche symbolische Erfahrung offen lassen sollten.

Die Suche geht weiter

Aber befriedigt mich das, was ich gesucht habe, womit mein „Herzbild", mein innerster *„sensus"* übereinstimmt?

Plötzlich spüre ich wieder den Blick des Christophorus des Meisters von Messkirch (Abb. 5). Durchdringend.

Fast körperlich spüre ich die Frage: Bist du mit diesem blutleeren Christus-Nicht-Bild wirklich zufrieden? Umfasst es die Welt, den Kosmos, den ich getragen habe, und deren Gewicht mich an den Rand des Tragbaren gebracht hat? Bist du da nicht einem allzu abstrakten Gedankenspiel erlegen? Wo bleibt der Bezug zum Menschen, zum pulsierenden Leben? In dem auch die Chaos-Kräfte ihren Ort haben?

Und gibt dir das letzte Bild wirklich eine geistige Heimat? Bringt es dich in Begeisterung, macht es die Seele weit, spürst du inneren Frieden, wenn du es betrachtest? Die Ahnung einer anderen Dimension über das Hängenbleiben in der gewohnten dualistischen Sicht hinaus?

Jetzt hat er mich erwischt, der Christophorus.
Zweifellos habe ich Annäherungen gefunden, aber sie stillen meine Sehnsucht nach einem Bild, von dem eine Art „mystische Freude", und Lebendigkeit ausgeht, nicht. Nach einer Energie, die alles durchdringt und jederzeit verwandeln kann und so erahnen lässt, dass vielleicht alles ganz anders ist wie in unserer Vorstellung. Dass wir unsere konventionellen Sichtweisen jederzeit überschreiten könnten, und dass es diese Christuskraft ist, die uns immer und immer wieder darauf aufmerksam macht, wie festgefahren wir sind in unseren Einordnungen, unseren kategorialen und emotionalen Urteilen. Die uns überrascht, wenn wir wähnen, dass keine Überraschungen und Wunder mehr möglich sind, sondern dass alles so und nicht anders ist ...

Nein, Christophorus, dahin bin ich noch nicht gekommen.

Wieder und wieder schaue ich meine „Bilderbücher" durch, aber nichts aus den alten frommen Zeiten überzeugt mich, der Nachmittag, an dem ich doch endlich zu einer Art „Schluss" kommen wollte, verfliegt, ohne dass ich Befriedigendes gefunden hätte.

Bleibt noch meine „private" Bildersammlung. Ich lasse mir Zeit und merke: Immer wieder bleibe ich da an einem Bild hängen, das ganz in meiner Nähe, in der Stuttgarter Staatsgalerie hängt (Abb. 30a).

Oft schon habe ich davor gestanden, habe es auch einmal in eine Führung zur „Farbe Grün" einbezogen. Es gehörte ursprünglich zu einem Göttinger Altar, der Maler ist so wenig namentlich bekannt, wie der Meister von Messkirch, aber es dürfte gut hundert Jahre vor „meinem" Christophorus entstanden sein. Eine wunderbare Gesamtkonzeption: Maria Magdalena hat am Ostermorgen im „Garten" (gr. *kepos, kepion*), wo man ihren geliebten und verehrten „Meister", der so anders war als andere, nach seiner grausamen Ermordung in ein Grab gelegt hat, eine Begegnung. Sie wollte in der Frühe nachholen, was einem Toten gebührt, ihn salben und beweinen. Doch das Grab ist leer, der riesige Stein davor weggewälzt (wie hätte sie das überhaupt allein fertigbringen können?), so will es die Erzählung im Johannesevangelium (20, 11-18). Zwei lichtumflossene Engel sitzen da, und sie sagt: *„Sie haben meinen Herrn (kyrion) weggenommen, und ich weiß nicht, wo sie ihn hingelegt haben".*

Und als sie sich umdreht sieht sie, vielleicht noch geblendet, vielleicht unterm Tränenschleier eine Gestalt, eine Erscheinung, die sie für den „Gärtner" (*kepouros*) hält. Sie fragt auch diesen, der sie wiederum fragt, warum sie weint, fragt den „Gärtner", wohin er den Verschwundenen getragen habe, sie wolle ihn holen. Und da spricht die Erscheinung ein einziges Wort: *„Maria",* – und sie erkennt ihn plötzlich: Es ist ihr „Rabbuni", ihr „Meister". Spontan will sie ihn am liebsten umarmen, doch er hält sie mit einer Geste zurück, spricht das berühmte *„Noli me tangere"* (gr. *me mou (h)aptou,* Joh 20,17), also *„fasse mich nicht an."* Und sie versteht: Er ist jetzt nicht mehr der „haptisch" vorhandene Mensch namens Jesus, auch wenn von ihm so gesprochen wird. Eine Transformation hat stattgefunden, ja, ist noch im Gange, und das gibt er Maria nun auch als Auftrag, den „Brüdern" zu verkünden, dass sie ihn gesehen habe und dass er im Begriff ist, zum „Vater", zu Gott hinaufzugehen (gr. *anavaino*).

Was ich nun an dieser Altarmalerei so anrührend und freudig ergreifend finde, ist nicht nur die hingegossene Haltung, die Geste und der beseligte Blick der Maria Magdalena, der gar nicht direkt auf den realen, eher freudlos und kummervoll als erleuchtet blickenden „Gärtner" schaut, sondern eher eine innere Vision dieser ungeheuerlichen Verwandlung vor sich zu haben scheint, die ihren Jesus zum Christus macht. Für den Betrach-

Abb. 30a: Christus erscheint Maria Magdalena als „Gärtner"
(Begegnung am Ostermorgen, Göttinger Altar, 15. Jh, Staatsgalerie Stuttgart)
Ein hortus conclusus, umschlossener Garten, üppig bewachsen mit detailgenauen Blumen und Kräutern, Attribute der Mariensymbolik. Obwohl nun der grünende, blühende Garten ein überwältigendes Zeugnis der „Auferstehung" ist, erscheint der „Gärtner" als kummervoller „Schmerzensmann". Doch Magdalena scheint ihn anders wahrzunehmen!

ter spiegelt sich die beglückende Atmosphäre wider in dem wunderbar blühenden Garten, der ganz bestimmt nichts von einem Gräberfeld hat, sondern eher ein *kepion,* ein Lustgärtchen zu sein scheint, ein von grünen Bäumen und Flechtwerk umgebener abgeschlossener *hortus conclusus,* Symbol auch des Paradiesgartens, der sonst nur Maria, die Mutter Christi umgibt. Alle Blümlein, die klassischerweise der „Mutter Gottes" symbolisch zugeordnet sind, kann man erkennen, zum Teil präzise bis ins Detail botanisch erfasst: Weiße und rote Lilien, blaue Iris, Narzissen, Glockenblumen, Löwenzahn, Gänseblümchen, Erdbeeren, teils blühend, teils mit Früchten, Ehrenpreis, und viele andere, die sich der exakten Bestimmung (oder meinen bescheidenen Kenntnissen) entziehen, die Blattrosettenbüschel, aus denen noch etwas sprießen wird.

Und nicht zu vergessen: Ein Frühlingsgarten, der nicht nur die geistige Auferstehung signalisiert, sondern auch die der Natur, in welcher die *„Grünkraft"* des Heiligen Geistes (oder der göttlichen Sophia) hindurchwirkt in ein neues Leben hinein. Rot, die königliche Farbe der Liebe und Lebensliebe herrscht in der Kleidung der handelnden Gestalten vor – ist aber auch als Komplementärfarbe des Grün zu verstehen möglich, welches die Innenseite des Umhangs Christi sehen lässt: Als nach Innen gewandte Geistfarbe sozusagen. Diese Art „Vergeistigung" ist es ja auch, welche durch ihr „Wohnung nehmen" im Menschen diesen erst zum „vollständigen" *(teleios)* Menschen macht, zu einem Menschen, der fähig ist, die Durchgeistung auch der Natur wahrzunehmen, in dem Männliches und Weibliches verschmilzt zu einer Fähigkeit, „Gärtner" der Welt und seiner Mitwelt zu werden. Und sagt nicht auch das Entscheidendes über die Christuskraft des „Meisters" aus, dass die tränenblinde Maria Magdalena in der Gestalt, die sie nur unscharf wahrnimmt, einen *„Gärtner"* sieht, und nicht etwa – was an einem Gräberort doch genauso naheliegend gewesen wäre, einen *Totengräber?*

Doch es ist ein *Gärtner,* einer, der *Neues* in seinem Wachstum unterstützt, in einem Garten der Freude! Was hat den Maler bewogen, dieses Freudengeschehen beim Auferstandenen mit solcher Bekümmerungsmiene darzustellen? Hat er nicht begriffen, was sich seiner Magdalena offensichtlich zeigt, dieses Er-wachen einer neuen Erkenntniskraft, dass alles Irdische göttlich-geistig durchwaltet ist und nun *jeder* Mensch beauftragt ist, hindurchzuschauen auf den geistigen Urgrund?

Magdalena hat ihren *Rabbuni* geschaut, hat beglückt erfahren, wieviel *mehr* auch wir sind als unsere Gebundenheit an die Körperexistenz, viel mehr als unsere Bedrängnisse, Emotionen, Vorstellungen! In ihrer Figur spiegelt sich der „Christus-Impuls" wieder, das Durchsichtigmachen des allumfassenden schöpferischen Hintergrunds, der den Menschen über seine Wunsch- und Willensnatur hinausheben kann. Sie ist die erste Zeugin des Geheimnisses geworden, das die Person Jesus überstieg - und sie hat es verstanden.

Lange ringe ich mit mir, ob ich in das ehrwürdige Altarbild des unbekannten Malers eingreifen darf, wie ich es bei „profanen" Bildern oft mache, um etwas „durchsichtig" zu machen.

30b: Collage. Nach Joh. 12,13 erlebt Maria Magdalena eine Gestalt, welche die menschlich-körperliche Ebene bereits überschritten hat, als „Christus" in seiner alldurchwirkenden Weisheitsnatur, welche alle mythischen Vorgängergestalten in sich aufnimmt und so den geistigen Bewusstseinssprung in der Entwicklung des Menschen zeigt. Eine numinose Erscheinung, kein konkretistisches Jesus-Bild.

Dann endlich, an einem hellen Februartag wage ich es (Abb. 30b).

Wie nicht anders erwartet, eine enorme Herausforderung – der Anspruch machte mich unbeholfen. Aber nach vielem Weglegen, Weggehen, Wiederanschauen spüre ich: Es „stimmt" so. Zwar bin ich mir der Unzulänglichkeit bewusst, doch mein Wunsch, nicht an konkreten „Jesus"-Vorstellungen kleben zu bleiben, Überraschendes einzubeziehen, ist ablesbar: Mein Wunsch, dass unsere religiösen Bilder offen sein sollten für das Hintergründige, für die Ahnung des Möglichen, das vielleicht für jeden etwas ganz anderes ist.

„Christus": Das ist für mich auch nach wie vor der Name für ein Geheimnis, das nicht ohne Vorbehalt verbunden werden darf, mit der

Unzahl von Jesusbildern, welche im Lauf der Zeit entstanden sind in Kunst und (mehr noch) Kitsch, sonst haben wir aus Jesus einen „Götzen" gemacht. Denn „Christus" kann als geistiges Prinzip nicht an bestimmte Gestalten gebunden sein, auch wenn sie als dessen charismatische Träger oder „Mittler" erscheinen können. Vielmehr durchdringt dieses Mysterium alles Leibliche, Materielle von innen her. Insofern kann „Christus", so wie ich dieses „Phänomen", dieses immer neu „Erscheinende" und Aufblühende sehe, *nur aus dem symbolischen Leben heraus* erfahren werden: als eine wunderbare, offene Geist- und Lebenskraft, an der wir auch selbst teilhaben. Eine Erkenntniskraft, die frei macht von unserer Emotionsgebundenheit, von fixen Vorstellungen. Die dennoch Beziehung schafft zu allem und jedem und sich unaufhörlich auf die verschiedensten und interessantesten Weisen manifestiert. Unfassbar, aber doch als „verbindendes Muster" den Kosmos durchdringend, durchwebend, die schöpferisch liebende Weisheit, die *„eine"* ist, *„und gehet durch alles"* (Weish 7,24).

Ja, ich wiederhole mich. Es ist eine Art der rituellen Beschwörung, des Herbeirufens, des Gebets gar, eine Bitte, mich näher kommen zu lassen, meine Vision zu stärken, falls sie es verdient, damit ich sie besser weitervermitteln kann. Nur als Anregung, Impuls, neu „nachzudenken", darüberhinaus zu denken *(metanoeite!)* über das allzufeste, kultur- und kirchenverstellte Bild. Wäre ich in der Quantenphysik zuhause, fände ich vielleicht dort die auch „wissenschaftlich" überzeugenden Bilder. Aber meine Welt ist die künstlerische, poetische und so mache ich mich noch einmal auf die Suche, um vielleicht zum Schluss noch ein ganz anders geartetes Bild zu finden, das meiner Intuition entspricht.

Und sieh da, der Horizont weitet sich, die Auswahl wird immer größer, und schließlich komme ich wieder und wieder zurück auf eine Übermalung von Gerhard Richter (Abb. 31) vom 15. 10. 98.

Ist es das? Oder vielleicht noch nicht ganz? Figürliches jedenfalls gibt es darin nicht. Vielmehr ist das ganze energiegeladene Bild durchzogen von grün-rot marmorierenden, vegetabil anmutenden Farbstrukturen, von oben nach unten, bisweilen aus roten Anfängen kommend und in roten „Blattenden" mündend, eine Lebenskraft, die sich unaufhörlich manifestiert, wobei das *Grün* (die *Grünkraft* der Hildegard von Bingen) domi-

Abb. 31 Die grünen, in leuchtend rote „Blattenden" mündenden Übermalungsstrukturen Gerhard Richters symbolisieren das zugleich geist- und naturdurchwirkte, die Welt konstituierende und all-verbindende Muster (Raimon Panikkar).

niert. Helle Zwischenräume aber lassen „Unendlichkeit" ahnen, die Zone über dem unteren Rand mutet, wenngleich ebenfalls strukturiert, nächtlich oder verschattet an – und harmonieren doch mit dem Ganzen.

Was mich an diesem Bild fasziniert ist die enorme spontane Kraft, mit der die dominant grünen, wie von Blattrippen und -adern durchzogenen, vertikal von oben nach unten führenden Strukturen gesetzt – nein, durch eine bestimmte Abziehtechnik geführt, ja „gezogen" sind, sodass sich eine Art Blattrippen und -adern bilden, die zugleich Oben und Unten verbinden wie ein alles verändernder Einbruch in die „gewöhnliche" Welt.

Ein verbindendes und zugleich transformierendes Muster, das keiner geometrischen Regel folgt und vor allem: *unwiederholbar* ist: *Dieser* Moment, *dieser* Ein-Fall, der nie wieder derselbe sein wird, ein Kind des Augenblicks, im „*kairos*" gezeugt und geboren, ein offenes Fragment – und doch zugleich auf ein Universales deutend. Ein schöpferischer Moment der Verwandlung, der vieles enthält, was mir wichtig ist, zweifellos.

Und doch fehlt mir noch etwas. Ein signifikantes „Darüberhinaus",
das diese durch den dichten Farbauftrag doch sehr materielle Gestaltung
überschreitet.

Ich warte. Gehe dem nach, was im Alltag getan werden muss, so wie
einst Christophorus wartete und watete. Warte auf einen Einfall, der die
Gleichförmigkeit aufbricht, darüber hinausführt, die gesetzte Struktur
überschreitet, „überleuchtet", ein irgendwie integratives Element auch -
ehrlich gesagt, weiß ich ja gar nichts genau, habe ja nur eine vage Ahnung,
was „Christus" sein *könnte*, bin auf intuitive Resonanz angewiesen.

Und plötzlich ist es soweit (Abb. 32).

Abb. 32
„Christus" - Versuch einer persönlichen Annäherung
(Collage der Autorin unter Verwendung einer Übermalung von Gerhard Richter)
Über dem allesverbindenden Muster der Übermalung von G. R. leuchtet nun, vereinigend und trans-
zendierend ein sonnenhaftes Symbol, ruhend in einer „Lunula" (Halbmöndchen), welches die Geist
und Seele vereinigende, immerzu gleichzeitig „niederkommende" und „auferstehende" Dynamik eines
kosmischen Ineinanderspiels zentriert und zeigt und in Richtung auf eine „höhere Dimension" überschreitet.
Ursprünglich unbeabsichtigt entstand ein Anklang an die Christus repräsentierende Monstranz, die an
Fronleichnam („Leib des Herrn") über die Felder getragen wird, die Natur zugleich segnend und dem in
ihr Fleisch gewordenen Geist dankend, ist aber offen für jegliche mögliche Assoziation des Betrachters.

Jetzt war da kein Denken mehr, nur Wiedererkennen, in Fühlung-sein mit dem innersten *„sensus"*, Freude. Und Staunen, dass etwas Unvorhersehbares sichtbar wird. Alles war jetzt im Fluss und ging sehr schnell. Eine neue „Richtung" ist entstanden, ein „Darüberhinaus" das ich gesucht hatte.

Zudem sind nun auch Erde, das solare und das lunare Element verbunden: Wie in der Lunula, dem „Möndchen", welches die an Fronleichnam über die Felder getragene solare Monstranz, den „Leib des Herrn" hält, so bildet sich auch hier eine Einheit zwischen Seele und Geist, „niederkommendem" und „auferstehendem" Wesen Christi.

Ist das zu kompliziert, Christophorus? Ich kann nicht mehr sagen, als dass mich mein gefundenes Bild-Gleichnis, was „Christus" sein *könnte*, mit Freude erfüllt. Meine Suche wird sicher weitergehen. Aber *für den Moment* brauche ich nicht mehr als dies. Lassen wir die Frage offen!

Literatur (Auswahl, Empfehlungen)

Angelus Silesius, Cherubinischer Wandersmann, Kritische Ausgabe,
    hrsg. v. Louise Gnädinger, Stuttgart 1984
Böhme, Jakob, Christosophia, Hrsg Gerhard Wehr, Freiburg 1979
Christ, Felix, Jesus Sophia, Zürich 1970
Herwartz, Christian, Auf nackten Sohlen – Exerzitien auf der Straße,
    Würzburg 2006
Dürr, Hans-Peter, Warum es ums Ganze geht, Frankfurt 2011
Hillman, James, Charakter und Bestimmung, München 2002
Holl, Adolf, Jesus in schlechter Gesellschaft, München 1971
Flusser, David, Jesus, Reinbeck 1986
Fox, Matthew, Vision vom Kosmischen Christus, Stuttgart 1991
Gebser, Jean, Ursprung und Gegenwart, München 1973/1988
Heidegger, Martin, Vom Wesen des Grundes, Frankfurt 1995
Heinz-Mohr, Gerd, Die Rose, München 1988
Jäger, Willigis, Die Wiederkehr der Mystik, Freiburg 2005
Jaspers, Karl, Die großen Philosophen, München/Zürich 1981
Jung, Carl Gustav, Erinnerungen, Träume, Gedanken, Olten 1984
Jung, Carl Gustav, GW 9/1; GW 9/12; GW 12, Olten 1986
Jung, Carl Gustav, Briefe I und II, Olten/Freiburg 1990
Jung/v. Franz, Der Mensch und seine Symbole, Olten/Freiburg 1979
Kerenyi, Karl, Dionysos, Stuttgart 1992
Oetinger, F. Chr, Emblematisches Wörterbuch, Nachdruck 1987
Panikkar, Raimon, Der unbekannte Christus im Hinduismus, Mainz
    1986
Panikkar, Raimon, Der Weisheit eine Wohnung, München 1991
Panikkar Raimon, Christophanie, Freiburg 2006
Platon, Sämtliche Werke Bd 3, Reinbek 1965

v. Rad, Gerhard, Weisheit in Israel, Neunkirchen-Vluyn 1970

Rahner, Hugo, Der spielende Mensch, Einsiedeln 1948/1990

Romankiewicz, Die Schwarze Madonna, Düsseldorf 2004

Romankiewicz, Sophia kehrt zurück – Evangelische Mystik im Schatten Luthers, Freiburg 2016

Romankiewicz, Brigitte, Ohne Maria kein Christus – Maria als Symbol spiritueller Erfahrung und Raum der Individuation, Stuttgart 2018

Rosa, Hartmut, Resonanz – Eine Soziologie der Weltbeziehung, Berlin 2018

Rosenberg, Alfons, Jesus – Der Mensch, München 1986

Riedel, Ingrid, Der Grüne Christus, Olten 1985

Rilke, Rainer Maria, Briefe an einen jungen Dichter, Leipzig 1929

Rilke, Rainer Maria, Gedichte, Frankfurt 1986

Schleiermacher, Friedrich, Über die Religion, Reden an die Gebildeten unter ihren Verächtern, hrsg. v. Andreas Arendt, Hamburg 2004

Schweitzer, Albert, Geschichte der Leben-Jesu-Forschung, Tübingen 1951

Schwarzenau, Paul, Das Göttliche Kind, Stuttgart 1984

Schwarzenau, Paul, Das Kreuz – die Geheimlehre Jesu, Stuttgart 1990

Steiger, Johann Anselm, Christophorus, Neuendettelsau 2012

Steiner, Rudolf, Das Christentum als mystische Tatsache, Stuttgart 1961

Steiner Rudolf, Die Sendung Michaels, Dornach 1997

Tagore, Rabindranath, Flüstern der Seele, München 1925

Teilhard de Chardin, Pierre, Briefe an Leontine Zanta, Freiburg 1967

Thich Nhat Han, Die Sonne, mein Herz, Freiburg 1988

Thomasevangelium und Perlenlied, hrsg. v. Otto Betz

Treu, Ursula (Hrsg.), Physiologus, Berlin 1981

Schramm, Zürich/Düsseldorf 1998

Wöller, Hildegund, Ein Traum von Christus, Stuttgart 1987

Zimmer, Heinrich, Indische Mythen und Symbole, Düsseldorf/Köln 1972

Bildbände und Nachschlagewerke

Baudry, Gérard-Henry, Handbuch der frühchristlichen Ikonographie, Freiburg 2010

Fansa, Mamoun u. Bollmann, Beate (Hrsg), Die Kunst der frühen Christen in Syrien, Darmstadt 2008

Ladner, Gerhart B., Handbuch der frühchristlichen Symbolik, Wiesbaden 2000

Pokorny, Julius Indogermanisches Etymologisches Lexikon, Berlin / München 1959

Quiñones, Ana Maria, Pflanzensymbole, Würzburg 1988

Schmidt, Heinrich und Margarethe, Die vergessene Bildersprache christlicher Kunst, Zürich 1983

Zibawi, Mahmoud, Koptische Kunst, Regensburg 2004

Brigitte Romankiewicz
geb. 1945, studierte Kunst,
Deutsch und Religion für das
Lehramt und war 20 Jahre als
Lehrerin tätig. Weitere intensive Studien auf dem Gebiet der
Religions- und Kulturgeschichte
und der Psychologie führten
sie zur Bildsprache des Symbolischen. Langjährige Dozentin am
C. G. Jung-Institut Stuttgart.

Weitere Veröffentlichungen der Autorin

*Ohne Maria kein Christus – Maria als Symbol spiritueller
Erfahrung und Raum der Individuation.*
Stuttgart: opus magnum 2018

Sophia kehrt zurück – Evangelische Mystik im Schatten Luthers
Freiburg: Herder 2016

Was Hoffnung beflügelt: Ein Wegbegleiter zu Lebensmut und Sinn
Ostfildern: Patmos 2010 (freier download bei opus magnum.de)

Hoffnung neu entdecken
Düsseldorf: Patmos 2008 (freier download bei opus magnum.de)

Die Schwarze Madonna – Hintergründe einer Symbolgestalt
Düsseldorf: Patmos 2004 (freier download bei opus-magnum.de)

Urbilder des Vaters
Waiblingen: Stendel 1998 (freier download bei opus-magnum.de)